BREVE HISTORIA DEL LIBERALISMO

3ra Edición

BREVE HISTORIA DEL LIBERALISMO

Desde Jerusalén hasta Buenos Aires
por Jorge A. Klusen (seudónimo)

Lo que cualquiera debería saber antes de adherir a políticas liberales

3ra edición

ISBN: 9781520475684

Title: Breve historia del liberalismo. Desde Jerusalen hasta Buenos Aires

Author: Jorge Klusen

Fecha de catalogación: 12/01/2017

Jorge A. Klusen
Queda hecho el depósito que marca la ley
N°11.723

Buenos Aires

Ilustraciones de tapa e interiores realizadas por el autor.

Índice

Introducción

He realizado esta compilación de diversos textos de distintos orígenes para organizar mi investigación acerca del liberalismo. En principio estos textos eran sólo eso: una investigación personal con la única intención de recopilar información como ayuda memoria, y con el fin de comprender los discursos y acciones liberales del gobierno de turno en Argentina en 2016. Cómo periodista, yo había seguido la política internacional durante los últimos veinte años pero nunca me había ocupado a fondo del liberalismo, su historia, su origen, sus filosofías de base, sus ideologías. En el 2015, en Argentina, se realizaron elecciones presidenciales y resultó ganador el candidato del partido Cambiemos Mauricio Macri, un liberal. Aunque el Sr Macri había sido Jefe de Gobierno de la ciudad de Buenos Aires durante los últimos años realmente no le había prestado mayor atención. Mi interés se centraba en la política internacional. Luego, desde su campaña presidencial muchas cosas me hicieron "ruido", no lograba catalogar sus dichos, sus promesas, y mucho de lo que decía me remitía inmediatamente a gobiernos anteriores cómo el de Duhalde, Menem, De La Rua, y hasta al gobierno militar del '76. Era claro que Macri era neoliberal, ultra-neoliberal, y sus políticas iban en ese sentido, pero parecía haber algo más.

Algunas frases como "revolución de la alegría", "trabajo bueno", y otras, me daban vuelta en la cabeza, capturaban mis pensamientos sin que pudiese encontrarle respuesta, sin que yo pudiera ponerlas en su correspondiente estante mental y de esa manera olvidarme de ellas. Esta recopilación responde a esa inquietud y les puedo asegurar que lo que he encontrado supera enormemente mis expectativas, y por ello, he decidido darle un formato más ordenado para que otros se puedan beneficiar de mi trabajo. Espero les sirva, cómo me ha servdo a mí, para poder entender mejor de que se trata, y a que atenerme con respecto al liberalismo.

No creo que lo disfruten.

1
DEFINICION

Veamos primero una rápida definición de lo que -por lo general- se considera liberalismo, o por lo menos lo que uno podría pensar a primera vista y sin mayor profundización:

Liberalismo: doctrina económica, surgida a mediados del siglo XIX, que consiste en la libertad de empresa y de comercio sin la intervención directa de la sociedad o del Estado, por lo cual podría considerarse como la imagen opuesta al socialismo. Suele resumirse en una breve frase de la época original en la que el francés era todavía el idioma de la política (diplomacia internacional): laissez faire, laissez passer (deje hacer, deje pasar), y está emparentada con algunas otras teorías científicas y filosóficas de su época, como la idea de la supervivencia de los mejores en la lucha por la vida y la justicia del equilibrio entre la oferta y la demanda, (...) pero sin llegar a la negación del Estado propia del anarquismo (...) ha podido llegar a justificar la existencia de la pobreza y la miseria como un hecho fatal e inevitable, y también la existencia de naciones colonizadas, razas inferiores, etc. (...) acepta la persistencia de determinados grupos en el poder político o económico [lo cual] se ha considerado por el liberalismo como una señal inequívoca de su superioridad, en lo cual se emparenta con algunas formas religiosas como el puritanismo protestante o la religión judía cuando consideran que dinero y poder están distribuidos por Dios a quienes lo merecen; liberales, judíos y protestantes constituyeron sobre esas teorías los Estados Unidos de América (...) por esas razones, el liberalismo ha llegado a tener aspectos totalmente opuestos a los de su ideología original y se ha convertido en autoritarismo o totalitarismo para combatir las aspiraciones de elevación y ascenso de otras clases sociales o de otros pueblos; hoy el liberalismo (o neoliberalismo) está en auge (...). Diccionario Político de Eduardo Haro Tecglen, editorial Planeta, 1995.

Bien, ¿sólo "doctrina económica..."?, para lo que me motiva a esta investigación -por el momento-, no me alcanza. Deberemos avanzar un poco más.

2
BREVE HISTORIA
El liberalismo desde el Jordán (50 a.C.)
hasta nuestros días

Hagamos una rápida reseña del movimiento de los liberales a través de la historia y cómo afectaron o influyeron en hechos muy conocidos, y tratemos de verlos desde una nueva perspectiva, la perspectiva liberal.

En mi investigación, en mi búsqueda por aclarar discursos e ideas de los liberales decidí seguir hacia atrás -en la historia-, a aquellos grupos que tenían la misma filosofía, la misma forma de pensar, las misma concepción filosófica, teológica, política, la misma orientación, los mismos conceptos, las mismas raíces. Los seguí a través de América hasta Estados Unidos, luego a través de Europa y Rusia hasta la península de Crimea y de allí hasta Jerusalén,

Jerusalén en plena persecución romana, y al final -o al principio- justo antes de que crucificaran a Jesús; pero bueno, no nos adelantemos, denme un momento y se los explico.

Desde el principio

El liberalismo probablemente tenga su origen en la secta judía, en la facción judía, de los Saduceos, al menos es lo más lejos que he podido llegar yendo hacia atrás en la búsqueda de los orígenes de los liberales.

Bien, conozcamos un poco a los saduceos, veamos si esto puede ayudarnos a entender mejor a los liberales actuales.

Los liberales/saduceos (Judea-pueblo de Israel 50 a. C.) fueron una elite aristocrática. Se supeditaban a la autoridad de Roma, eran la clase rica privilegiada, podría decirse que se mantenían lejos del "hombre común". Eran extremadamente autosuficientes, al punto de negar la intervención de Dios en los asuntos de la vida diaria. Negaban cualquier resurrección de los muertos[1]. Negaban cualquier vida después de la muerte, sostenían que el alma perecía con la muerte, por lo tanto creían que no había ningún castigo o recompensa después de la vida en la tierra -justamente- porque al estar convencidos de que cuerpo y alma terminaban al morir, no había forma de que la persona recibiera premios o castigos por sus obras realizadas en vida. Creían que el bienestar de la nación -según ellos lo concebían- no requería que las consideraciones religiosas fueran necesariamente decisivas en todos los asuntos. Por lo tanto, si Dios no se ocupa de la gente, si al morir no pasa nada, entonces, no era necesario poner a Dios en la política, ni a Dios ni a su moral ni a su ética.

Pienso... eso no tiene una buena perspectiva, sobre todo porque este grupo -los sadu-

---

1   Mateo 22:23; Marcos 12:18-27; Hechos 23:8. Evangelios, Biblia

ceos-, formaban parte de los judíos un pueblo que se define -justamente-, por su religión, su religiosidad, su creencia en Dios.

Sigamos. Los saduceos aceptaban la Torah[2], la Ley (de Moisés - Biblia), como canónica[3]; pero rechazaban el resto del Antiguo Testamento pues no lo consideraban inspirado, y negaban el valor de la tradición y de la Torah

---

2   La Torá (Torah) es el texto que contiene la ley y el patrimonio identitario del pueblo israelita; constituye la base y el fundamento del judaísmo. Sus cinco libros son: 1 Génesis - Bereshit, "En el comienzo", 2 Éxodo — Shemot, "Nombres", 3 Levítico — Vayikrá, "Y llamó", 4 Números — Bemidbar , "En el desierto", 5 Deuteronomio — Devarim, "Palabras"/"Cosas"/"Leyes".

3   La lista (o canon) de libros bíblicos hebreos inspirados quedó establecida definitivamente para el judaísmo en el siglo II de la era cristiana, por el consenso de un grupo de sabios rabinos que habían conseguido escapar del asedio de Jerusalén en el año 70 y que habían fundado una escuela en Yamnia. A estos libros se les conoce como protocanónicos, y forman el Canon Palestinense o Tanaj.

oral[4] de la cual dependían mucho los fariseos[5].

---

4   El Rabino Aryeh Kaplan explica en su "Manual del Pensamiento Judío" (Moznaim 1979): La Torá Oral fue destinada originalmente para que fuese transmitida de boca en boca. Era transmitida del maestro al estudiante de tal manera que si el estudiante tuviera alguna pregunta, él sería capaz de preguntar, y evitar así la ambigüedad. Un texto escrito, por otra parte, no importa cuán perfecto sea, está siempre sujeto a mala interpretación

5   Fariseos: Creían en la libertad humana. Ciertamente el Destino influía en los hombres, pero éstos no eran juguetes en sus manos. De hecho, podían decidir lo que hacer con su vida. Creían en la inmortalidad del alma. No todo acababa con la muerte, sino que las almas seguían viviendo. Creían en un castigo y una recompensa eternos. Las almas de los malos eran confinadas en el Infierno para recibir su castigo, mientras que las de los buenos eran premiadas. Creían en la resurrección. Las almas de los buenos recibirían un nuevo cuerpo. No se trataba de una sucesión de cuerpos humanos mortales -como sucede en las diversas visiones de la reencarnación- sino de un cuerpo para toda la eternidad. Creían en la obligación de obedecer su tradición interpretativa referida a obligaciones religiosas como las oraciones, los ritos de adoración, etc. Estaban dispuestos a obtener influencia política en la vida de Israel. Quizá contaron ya con cierto peso antes de Herodes, pero después de ese reinado perdieron influencia.

Los fariseos eran la otra facción de los judíos en esa época, prácticamente se encontraban en veredas opuestas -en cuanto a sus creencias- con respecto a los saduceos.

Veamos un poco más de los saduceos.

Estos no aceptaban la enseñanza de una vida futura, o de ángeles, o de espíritus de cualquier naturaleza[6], o de una retribución futura, pues declaraban que en la Torah no había declaraciones definidas en cuanto a estos temas[7]. Confesaban su dependencia de Dios para obtener su ayuda, pero dependían de sí mismos. No tenían inconvenientes en hacer alianzas con los extranjeros y en utilizar cualquier otro medio que fuera para el beneficio de la nación. Por estar los saduceos más preocupados por la política que por la religión, no se ocuparon de

---

6   Hechos 23:8, Biblia-Evangelios.

7   Historiador Josefo, Antigüedades XVIII. 1. 4; Guerra II. 8. 14 [164-165; Hechos 23: 8, Biblia-Evangelios]

Jesús (el Cristo, el Mesías), hasta que se volvieron temerosos de que Él pudiera atraer la no deseada atención de Roma. Fue en este momento en que saduceos y fariseos se unieron y conspiraron para llevar a Cristo a la muerte[8].

Los sumos sacerdotes judíos -en época romana- fueron tomados por el imperio del interior de la facción saducea, y entre ellos vemos a Caifás quien había sido responsable de la crucifixión de Jesús. También el grupo que presionó a los romanos para que mataran al apóstol Pablo y los que promovieron la muerte del apóstol Pedro.

Como representaban la aristocracia judía, no reflejaban el parecer de todo el pueblo. Eran, hasta cierto punto, una reencarnación del partido helenístico que había existido entre los judíos, y contra el cual se habían levantado los hasidim, en tanto que los fariseos eran los des-

---

8   Juan 11:48-50; Marcos 14:53; Marcos 15:1 – Evangelios, Biblia

cendientes ideológicos de los hasidim[9]. Luego de la persecución Romana y la consiguiente diáspora judía[10] y cristiana en el siglo I, los saduceos/liberales se movieron junto a los judíos es su migración.

Tengamos en cuenta -desde ahora- esta separación entre saduceos/liberales y judíos porque cada vez va a tener más sentido.

Continuemos.

Se asentaron en la península de Crimea -cos-

---

9   Movimiento conservador cuyos miembros tomaron el nombre de hasidim (Heb. jasidim), que significa "los piadosos" o "santos", surgido en Judea en oposición a las influencias griegas. Los fariseos, cuyo nombre significa "separatistas", se originaron con los hasidim, y aparecieron por primera vez como un partido político alrededor del año 120 a. C., durante el tiempo de Juan Hircano. 10 Dispersión de un pueblo o comunidad humana por diversos lugares del mundo; especialmente la de los judíos después de la destrucción del reino de Israel (siglo vi a. C.).

10   Dispersión de un pueblo o comunidad humana por diversos lugares del mundo; especialmente la de los judíos después de la destrucción del reino de Israel (siglo vi a. C.).

ta del Mar negro-, y se movieron por Europa. En Rusia intervinieron en la revolución comunista rusa dónde muchas de la figuras principales de la revolución eran judíos cuyos apellidos fueron cambiados para parecer rusos. León Trotski se llamaba en realidad Lev Davídovich Bronstein, entre otros. Es fundamental entender que el judaísmo, cómo cualquier religión o movimiento, cuenta con distintas facciones, y a veces sectas. No debemos poner todo en la misma "bolsa" y referirnos a los liberales simplemente cómo judíos, ya que los verdaderos judíos son un pueblo religioso, justamente su religión es lo que los define cómo judíos, sin embargo los liberales son prácticamente ateos, aunque utilicen algunas de las creencias hebreas originales para justificar sus políticas. Recordemos las diferencias que hemos visto entre saduceos y fariseos en su concepción de Dios y lo apartados que estaban.

Esta secta, facción, hebrea/liberal es básicamente una secta judía, una facción judía, (es esta situación ambigua de ser pero no ser) y cómo tal no reconocen autoridades que no sean de ellos, que no sean propias, no reconocen reyes, no reconocen emperadores y por ello no tienen impedimentos en destituirlos. Los liberales carecen de frenos ante la autoridad. Básicamente no creen que Dios le haya dado a nadie derecho divino de reinar -excepto a ellos. En este punto volvemos a esta ambigüedad de: soy pero no soy, no creo que Dios le dé a nadie derecho de gobierno, pero yo creo estar predestinado para hacerlo. ¿¡!!? Bien…, no creen que Dios se ocupe de temas humanos, y además se creen predestinados para poner orden según su criterio. Este punto -el de la predestinación (pre-destinado, destinado desde antes por Dios)-, hace muy particular su forma de encarar asuntos de la comunidad (ciudad, país, planeta). Al moverse por Europa penetran en el cristianismo; el liberalismo cristiano termina separándose de Roma; se produce la reforma protestante[11].

Ya los cristianos judaizantes habían tenido grandes diferencias y choques con el cristianismo gentil en el siglo I, en plena evangelización del apóstol Pablo, en aquella primera evangelización cristiana a los gentiles. Ese intento de judaizar el cristianismo estuvo presente desde el primer momento y terminó decantando en la reforma protestante.

Por supuesto que las condiciones estaban dadas y era casi necesaria una reforma, hasta -podríamos decir- inevitable. Siempre hay una situación de reforma, de revolución, de cam-

---

11   Reforma: Se conoce como Reforma protestante, o simplemente la Reforma, al movimiento religioso cristiano, iniciado en Alemania en el siglo XVI por Martín Lutero, que llevó a un cisma de la Iglesia católica para dar origen a numerosas iglesias y organizaciones agrupadas bajo la denominación de protestantismo.

bio, de inconformismo en todos los ámbitos, lo que ocurre es que muchas veces los liberales han visto en ello una oportunidad de meter su cuña en busca de su propio beneficio, en este viejo "divide y reinarás", y esta no habría de ser la excepción.

En Inglaterra -los liberales dentro de la reforma-, producen varias sectas cristianas protestantes: los puritanos[12], los amish, los cuá-

---

12   Puritanos: El dogma central del puritanismo era la autoridad suprema de Dios sobre los asuntos humanos. Para algunos, tal autoridad se expresaba hasta el grado de la predestinación enseñada por Juan Calvino.

Puritanos era el nombre dado en el siglo XVI al extremo más protestantes dentro de la Iglesia de Inglaterra que pensaba que la Reforma Inglesa no había ido lo suficientemente lejos en la reforma de las doctrinas y la estructura de la iglesia. Estos querían purificar su iglesia nacional mediante la eliminación de cada fragmento de la influencia católica. En el siglo XVII muchos puritanos emigraron al Nuevo Mundo, donde buscaron fundar una santa Commonwealth en Nueva Inglaterra –actual Estados Unidos. Actualmente el puritanismo cultural sigue siendo la fuerza dominante en esa zona.

queros[13], entre otras. Los puritanos creían en la completa dependencia de los seres humanos en la gracia divina para la salvación, por lo que muchos consideraban, y consideran hoy, que no importa lo que el hombre haga (bueno o malo) ya que Dios ha de salvarlo por gracia[14]. Esto puede ser peligroso en función de pensar en que no existe relación entre los hechos y la salvación, y allí estaríamos volviendo a la creencia liberal de que no existe el castigo a las malas acciones ni premio a las buenas.

Esta discusión de salvación o justificación ante Dios por fe o por obras es crucial en muchas doctrinas liberales. La discusión tiene que

13   Amish, Cuaqueros: Sociedad Religiosa de los Amigos. Menonitas.

14   En teología cristiana se entiende por gracia divina o gracia santificante un favor o don gratuito concedido por Dios para ayudar al hombre a cumplir los mandamientos, salvarse o ser santo, como también se entiende el acto de amor unilateral e inmerecido por el que Dios llama continuamente las almas hacia Sí.

ver con que los judíos se justificaban y se justi-fican hoy-, ante Dios por el cumplimiento de la Ley de Moisés, entonces la salvación se da por hacer las obras que manda la Ley. Lo que se dice la justificación por obras. A la par encon-tramos a los cristianos quienes son justificados por la Fe, la fe en Jesús, en el Mesías. Entonces si te salvas por la fe las obras de la Ley no son necesarias. Esto no significa que puedas obrar mal, no, significa que no es necesario cumplir con las normas judías como la circuncisión, el shabat, la comida kosher, y muchas otras normas de la Ley. Pero que en realidad están contenidas en la filosofía cristiana del amor al prójimo.

Entonces los saduceos, obviamente judaizan-tes, penetraron el cristianismo y pervirtieron la doctrina desvirtuando la salvación. Alejaron a muchas facciones cristianas del verdadero cristianismo aquel que enseñaba el apóstol Pablo a los gentiles, a los que no eran judíos.

Estas sectas, estas facciones, fueron persegui-
das en Inglaterra -Inglaterra se debatía entre el
protestantismo y el catolicismo- y por ello se
movieron a América en el 1600. Estos puritanos perseguidos, primero se fueron a Holanda dónde no se sintieron cómodos por la -a su
parecer- excesiva libertad. Allí embarcan en el
Mayflower y al fin partieron a América. Llegaron a América, echaron raíces, e intentaron -e
intentan hoy- en ese lugar, generar una nueva
Jerusalén: *"ciudad que brilla en las colinas"*...
"Ciudad que brilla en las colinas"..., veremos
esta idea repetida una y otra vez en el discurso
liberal.

Todas las doctrinas y políticas de Estados
Unidos están penetradas por los puritanos, y
continúan intentando –aún en el presente-,
trasladar sus ideas liberales a toda América (la
doctrina Monroe, la doctrina del Manifiesto

Divino y la doctrina del Buen Amigo[i]).

Ni bien –los liberales- se independizan del rey de Inglaterra, vuelven a Europa e intervienen en la revolución Francesa. Aunque claman "libertad, igualdad y fraternidad", en realidad, estas consignas fueron y serán sólo para ellos y hacia ellos. Aunque el discurso es tomado por el pueblo, quiénes se sienten parte, para los liberales el pueblo no está incluido.

Allí vemos a un saduceo de enormes aspiraciones: Napoleón Bonaparte. Quién como buen saduceo no tuvo ningún reparo en ir contra reyes a los cuales él en no reconocía. Puede ser interesante como el 16 de agosto de 1800, Napoleón decía: "Si yo gobernara una nación judía, querría restaurar el templo de Salomón, tercer templo de Jerusalén. En el Ta-naj, los profetas piden su construcción para que sea construido en la era mesiánica". Luego en 1806, Napoleón convocaría al "Gran Sanedrín". Decía un rabino: "Si Bonaparte triunfa, aumentará la grandeza de Israel, pero ellos se marcharán y el corazón de Israel se alejará del Padre celestial". Los hasidim, se opusieron fuertemente. La oposición más encarnizada al Sanedrín y sus resultados provino, no obstante, de los estados cristianos de Europa. El zar Alejandro de Rusia se levantó contra la libertad acordada a los judíos, e hizo que la Iglesia Ortodoxa de-signase al corso como el "Anticristo y enemigo de Dios". También reaccionaron contra el Sanedrín, Austria, Prusia e Inglaterra. Y hasta el propio tío de Napoleón, el cardenal Fesch, quien sin embargo le debía no poco de su nombramiento eclesiástico a su sobrino: ¿cómo éste se había atrevido a resucitar a una antigua asamblea de la que nadie se acordaba, integrada por los descendientes de quienes habían "matado" a Jesús?

La palabra Sanedrín, usada en tiempos del Talmud para designar a un tribunal debe su origen a la palabra griega Sunedrión que significa "asamblea". El tratado del Talmud describe un tribunal menor de veintitrés miembros y al gran Sanedrin de setenta y uno. Napoleón decretó la creación de una asamblea de notables judíos el 30 de mayo de 1806. La primera sesión estaba programada para un sábado 26 de julio, causando algunas discusiones entre los asistentes.

El pintor español Goya en su obra 'La Romería de San Isidro' pintaba a Napoleón en el centro del caos, el horror y la oscuridad.

En el asedio de San Juan de Acre (hoy Akko, en Israel) que tuvo lugar entre el 20 de marzo y el 21 de mayo de 1799. Los franceses contaban con tomarle la ciudad a los turcos, quienes estaban muy bien sostenidos por los ingleses. En pleno asedio, Napoleón escribió una proclama, el 20 de abril, en la que aparece haber sido redactada en el "cuartel general de Jerusalén". La misma se titula: Proclama a la nación judía, con la que creaba un estado judío independiente. Bonaparte pensaba ocupar San Juan de Acre (lo que no logró), para de ahí dirigirse a Jerusalén y hacer realidad su proyecto del estado judío. Los ingleses no lo permitieron.

En esa proclama, Napoleón denomina a los judíos como "los herederos legítimos de Pales-tina". Se leía: "¡Apresuraos! Es el momento que no volverá tal vez de aquí a mil años para reclamar la restauración de vuestros derechos civiles. (…) Tendréis derecho a una existencia política en tanto Nación entre las naciones". Su Proclama a la nación judía fue utilizada por Theodor Herzl, el fundador del sionismo, e incluso se habría presentado en la ONU en 1947, con vistas a la creación del estado de Israel. Napoleón III, su sobrino que tanto seguía al tío, se interesó en principio en un proyecto de índole "sionista" que le había propuesto Henri Dunant, el originador de la Cruz Roja.

Theodor Herzl, en carta al Kaiser Wilhelm II del 1 de marzo de 1899 escribía: "La idea que yo defiendo (la de un estado judío), ya fue intentada en este siglo por un gran monarca eu-ro-peo, Napoleón I. La instauración del Gran Sanedrín en París no fue sino el muy débil reflejo de esa idea. (…) Es sobre este mismo signo que conviene situar la cuestión judía. Desde entonces, lo que no fue posible bajo Napoleón I, ¡que lo sea bajo Wilhelm II!". Napoleón declaraba que la Iglesia Católica, la "religión romana", era enemiga de la república y en 1809 no dudó en arrestar al papa Pío VII y confinarlo en Francia dónde fue su pri-sionero hasta 1814. En Francia impulsaría el liberalismo económico.

Los liberales están detrás de la revolución industrial, intervienen en ella, y es aquí donde más se notan sus creencias judías sectarias, pre-mesiánicas, o anti-mesiánicas, ya que cómo no creen que Jesús haya sido el Mesías este no habría realizado ningún cambio en la humanidad porque simplemente aún no habría llegado. Para ellos Dios castigó la desobediencia del hombre en el Edén –en el Génesis de la Biblia-, y éste los condenó a trabajar de sol a sol, con aquel "ganarás el pan con el sudor de tu frente"[15]: sin vacaciones, sin aguinaldo, sin horas extras pagas, sin sindicatos, sin subvenciones, y el pan del día, sin ahorro, sin guardar para mañana. Para ellos la Biblia no dice nada de justicia social[16]. Para ellos el trabajo debe ser de sol a sol y sufriente. Pero ellos, los liberales, están afuera de ese castigo ya que cómo

---

15   La Biblia: Génesis 3:19

16   La expresión "justicia social" fue acuñada por el sacerdote jesuita italiano Luigi Taparelli, en el libro Saggio teoretico di dritto naturale, appoggiato sul fatto ("Ensayo teórico del derecho natural apoyado en los hechos"), publicado en 1843, en Livorno, Italia, donde se lee: ..."la justicia social debe igualar de hecho a todos los hombres en lo tocante a los derechos de humanidad..."

creen en la predestinación creen estar predestinados por Dios para administrar ese castigo, y justamente por no creer en Jesús, consideran –en sus filosofías-, que el pecado original sigue vigente y el Mesías no lo ha quitado de la humanidad. Recordemos que Jesús limpia a la humanidad del pecado original -para los cristianos o para los judíos mesiánicos. El cristianismo es cristiano justamente por reconocer la llegada del Mesías. El cristianismo deja de lado la ley de Moisés[17] y da por pagado el pecado original –aquel del Génesis-, por lo que ya no es necesario trabajar de sol a sol para volver a estar bien con Dios, sino que –para el cristiano- el trabajo es sólo una forma de ganarse el

---

17   Ley de Moisés: Por conducto de Moisés, Dios dio leyes a la casa de Israel para reemplazar la ley mayor que esta no pudo cumplir (Éx. 34; TJS, Éx. 34:1–2; TJS, Deut. 10:2). La ley de Moisés constaba de muchos principios, reglas, ceremonias, ritos y símbolos, que tenían como fin hacer recordar frecuentemente al pueblo sus deberes y responsabilidades. Incluía una ley de mandamientos y de observancias morales, éticos, religiosos y físicos.

pan, y cómo Jesús decía, no se deben acumular riquezas, así que no es necesario trabajar de sol a sol sino simplemente hasta garantizar lo necesario para vivir.

Como vemos, es necesario comprender un poco de judaísmo y cristianismo para entender a los liberales. Sin una mínima base de estos conocimientos es casi imposible comprender lo que dicen o lo que hacen –sus motivos y justificaciones.

Para los liberales el hombre sólo puede restablecer su lazo con Dios con trabajo esclavo, así que las industrias inglesas (revolución industrial) son exactamente eso, un lugar de esclavitud. El humano es esclavizado en favor del capital. Alemania es otro ejemplo de liberalismo a ultranza. Recordemos que la reforma protestante se inicia –justamente- en Alemania[18]. Por

18   Se conoce como Reforma protestante, o simplemente la Reforma, al movimiento religioso cristiano, iniciado en

otro lado encontramos a España que en la época de la revolución industrial se mantuvo fiel al catolicismo y por lo tanto, más protegida a las ideas liberales. Para la España católica el trabajo era sólo un medio de ganarse el pan, y, una vez conseguido eso, ya no era necesario seguir, o sea, trabajar era sólo necesario para cubrir las necesidades sin buscar la acumulación de riquezas. Así que España se convierte en un país de artesanos en contraposición a los industriales protestantes. El catolicismo intenta protegerse del liberalismo frenando al protestantismo, de allí que Latinoamérica mantenga ideas de un trabajo más distendido, sea más social en sus políticas y que por ello los liberales la tilden de popular o populista, o socialista, o "vagos"; mientras Inglaterra, Alemania y Estados Unidos son mayoritariamente protes-

---

Alemania en el siglo XVI por Martín Lutero, que llevó a un cisma de la Iglesia católica para dar origen a numerosas iglesias y organizaciones agrupadas bajo la denominación de protestantismo.

tantes, España y Latinoamérica son católicas.

Es muy importante comprender el cristianismo y en particular el cristianismo católico el que trata de mantenerse fiel a la iglesia del primer siglo y por supuesto a las enseñanzas de Jesús. La iglesia del primer siglo era claramente socialista, en un tiempo en que no existía el socialismo. Todo lo que poseían los cristianos era puesto en un fondo común y era utilizado por la comunidad. La gente -los discípulos, los primeros cristianos-, vendían sus posesiones y las distribuían entre todos. Esto tiene que ver directamente con las enseñanzas de Jesús, quién no tenía casa propia, quién compartía todo con las personas, quién enseñó el amor al prójimo como un mandato de Dios. De esa manera podemos comprender que España y Latinoamérica tuviesen monasterios con vida "comunitaria", dónde los monjes compartían todo y dónde la propiedad era común, en contraposición al protestantismo que desmontó los monasterios, eliminando este tema de lo comunitario, de lo "comunista", monasterios cuyo funcionamiento de propiedad común iba en contra del pensamiento capitalista de propiedad privada e individualista del liberalismo. El liberal no entiende ni acepta lo comunitario, no entiende ni acepta el amor al prójimo –propio del cristianismo. Para el liberal el cristiano es "enemigo del mercado", justamente el cristiano católico, al que llama "triste", y de allí que los liberales hablen de revoluciones de alegría, en contraposición con la "melancolía de los tristes"[19], llamada así por la empatía del cris-

19   Cfr. Adam Smith (ideólogo liberal): "Los tristes (los cristianos) son enemigos del mercado y de la libertad económica" (...) "por otro lado están los tristes que, yendo en sentido contrario, intentan que sintamos hacia los demás lo que naturalmente sentimos hacia nosotros mismos." (El amor al prójimo) (...) "esos moralistas quejumbrosos y melancólicos que perpetuamente nos reprochan que seamos felices cuando tantos de nuestros semejantes son desdichados, que consideran impío el regocijo natural ante la prosperidad." Para Smith esta "simpatía extrema" (empatía, amor al

tianismo para con los pobres y necesitados.

Trabajo bueno, trabajo malo

Es interesante cómo para el liberal existe trabajo bueno y trabajo malo. El trabajo malo es el trabajo con horario, es el trabajo sindicalizado, con buen sueldo, con vacaciones; y el trabajo bueno es el trabajo esclavo, el que –suponen- cumple el castigo de Dios del Edén del que hablábamos más arriba. También el mandato de Dios -en el Génesis-, hacia el hombre, de velar sobre la creación hace que justifiquen la privatización de los recursos naturales. Por supuesto, sólo ellos están en condiciones -por su predestinación-, de hacerse cargo de administrar la naturaleza, privatizando los recursos,

---

prójimo) "es totalmente absurda e irrazonable". Panfletos Liberales: Reflexiones de un economista audaz, escrito por Carlos Rodríguez Braun.

los recursos naturales: agua, suelo (minería, petróleo), parques nacionales.

Actualmente podemos ver esta enemistad entre liberales y católicos con más fuerza, ya que el liberalismo se ha depurado a niveles nunca vistos y el catolicismo está regresando a políticas más cristianas y acordes con las enseñanzas de Jesús, lo que hace que la brecha se haya agrandado y sea más patente. Para comprender este retorno del catolicismo y de algunas otras denominaciones cristianas, al cristianismo original, es necesario recordar la guerra fría y la lucha contra el comunismo, el comunismo ateo, la guerra contra el comunismo ateo, y es justamente contra ese ateísmo más que contra el comunismo que la iglesia se alió al liberalismo, al capitalismo liberal. Hoy, ya habiendo caído el comunismo y, ante un socialismo que permite las religiones, que permite el cristianismo, vemos al vaticano, y a otras iglesias cristianas, tomar una nueva posición de enfrentamiento claro contra el liberalismo al que acusan de antisocial, antihumano y por lo tanto anticristiano y lo llaman a la reflexión. Hoy el vaticano se identifica con el socialismo -que ya no es ateo-, y señala al liberalismo cómo enemigo de la humanidad. Por supuesto debemos tener en cuenta que muchos de los cuadros de la iglesia fueron entrenados -por decirlo de alguna manera-, en la situación de aliados al capitalismo liberal, y ahora, muchos de ellos, no terminan de comprender –o al menos no parecen comprender- las nuevas reglas, pero han de entender y recordar que para el cristianismo lo principal es la evangelización, el combate al ateísmo y a los falsos dioses, por supuesto, la salvación.

Debemos recordar que la Iglesia Católica mantuvo durante ese tiempo la doctrina social de la iglesia[20] que en un punto parecía estar en

20   La doctrina social de la Iglesia católica es un conjunto de normas y principios referentes a la realidad social, política

veredas distintas de algunas de sus propias políticas.

En este contexto el liberalismo promueve pseudo religiones ateas tales cómo "El secreto", o "El universo", en las que no se menciona a Dios y que están basadas en el deseo, en las posesiones y en lo individual, basadas claramente en los pilares liberales. También vemos este culto al "mercado". ¿Quién no ha escuchado a los economistas liberales expresar: "nosotros

---

y económica de la humanidad basados en el Evangelio y en el magisterio de la Iglesia católica. El compendio de la doctrina social de la Iglesia y el catecismo católico la definen como un cuerpo doctrinal renovado, que se va articulando a medida que la Iglesia en la plenitud de la palabra de Dios revelada por Jesucristo y mediante la asistencia del Espíritu Santo, lee los hechos según se desenvuelven en el curso de la historia. La expresión "justicia social" fue acuñada por el sacerdote jesuita italiano Luigi Taparelli, en el libro Saggio teoretico di dritto naturale, appoggiato sul fatto ("Ensayo teórico del derecho natural apoyado en los hechos"), publicado en 1843, en Livorno, Italia, donde se lee: ..."la justicia social debe igualar de hecho a todos los hombres en lo tocante a los derechos de humanidad..."

creemos en el mercado¿?, cómo si se tratase de una deidad. Vemos una clara adoración a falsos dioses: el mercado, el dinero, el universo, a las que el hombre puede "controlar" mediante el deseo. Doctrinas todas ellas anti-cristianas.

Pesada herencia

Cuando los liberales acceden al gobierno luego de administraciones sociales, administraciones socialistas, "populistas" -según ellos-, se quejan diciendo que deben luchar contra "la pesada herencia".

¿De qué se trata? ¿de qué hablan cuando dicen "pesada herencia"?

Esta expresión proviene de un pensamiento liberal de Estados Unidos, es el "Heavy legacy", o "pesado legado", un legado que les dejó el cristianismo católico, el catolicismo en los pueblos a los que han querido cambiar "culturalmente" y llevar al liberalismo. El cristianismo católico que se acercó a los pobres y humildes siempre ha sido de tipo social, comunitario, jesuita, y le ha dado a la gente idea de derechos humanos, derechos laborales y de trabajo con horario, con vacaciones, buenas condiciones, sindicalizado, de "justicia social", justamente un término acuñado por un sacerdote católico.

Cada vez que los liberales intentan convencer a los latinoamericanos y españoles (católicos) de que el trabajo esclavo está bueno, o que el destino del pobre es de servir al rico, o que hay que aguantar sin reclamar, o que la solidaridad no existe, o de instalar un sistema de castas inamovibles donde ellos siempre van a estar arriba, se chocan con el "pesado legado" cristiano, la "pesada herencia" social, socialista, "populista", por eso van por "el cambio cultural". Un cambio de mentalidad en el pueblo, en el humilde, en sus "sirvientes" -léase clase media para abajo-, que haga que la gente acepte su "servidumbre" como algo natural, real, verdadero, y por ello llaman al proceso "sinceramiento", o sea, para el liberal las políticas sociales son antinaturales y en un punto es un mentirse a sí mismo del pobre que no acepta su verdadera posición y por eso, ellos -los liberales-, deben sincerar el sistema.

Protestantismo liberal

Al analizar el protestantismo liberal surge un claro intento de desarmar al catolicismo atacando sus bases, el clericalismo, la forma de analizar los textos bíblicos y sus creencias, que aunque deberían ser las mismas que las de los protestantes en la realidad no lo son. Algunas iglesias protestantes no creen que Jesús fuese Dios, no creen en la trinidad entre otras. El catolicismo –al seguir las enseñanzas de Jesús- es un escollo muy grande a los intereses liberales y por ello no cejan en su intento de quitarle poder a la iglesia católica.

Los Estados Unidos, cómo base del liberalismo en América y a través del protestantismo, intentó usar la unión de América en el "Panamericanismo"[21] sin otro motivo que su propia expansión, la que fue frustrada debido a que los países de América rechazaron en el principio su colonialismo. El liberalismo estadounidense, habiendo carcomido a gran parte del cristianismo protestante sin que éste lo advirtiese, ha continuado usando al cristianismo para sus fines imperialistas, aunque es claro que las enseñanzas de Jesús nada tienen que ver con el enriquecimiento de las élites. Actualmente en Estados Unidos muchas iglesias protestantes están perdiendo a sus feligreses

---

21   El panamericanismo o integración americana, es el movimiento diplomático, político, económico y social americano que busca crear, fomentar y ordenar las relaciones, la asociación y cooperación entre los países americanos en diversos ámbitos de interés en común y promoviendo tratados de libre comercio.

quienes las abandonan al no poder congeniar los evangelios con las políticas neoliberales.

Más información sobre el panamericanismo en: https://limpidus.org/2013/09/01/panamericanismo-durante-la-formacion-de-la-superpotencia-de-los-estados-unidos/.

3

MUNDIALIZACIÓN DE MERCA-DOS, NEOLIBERALISMO Y LEGITI-MACIÓN DEL PODER EN LA SOCIE-DAD CAPITALISTA ACTUAL

A continuación transcribo parte de la ponencia presentada por Franz Hinkelammert y que me ha parecido muy interesante para profundizar un poco más en la comprensión del liberalismo. Veamos:

MUNDIALIZACIÓN DE MERCADOS, NEOLIBERALISMO Y LEGITIMACIÓN DEL PODER EN LA SOCIEDAD CAPITALISTA ACTUAL

Franz Hinkelammert

Transcripción de parte de la Ponencia presentada por el autor en el XIII Congreso de Teología de Madrid, septiembre de 1993.

Cuando en 1976 volví a Chile, por primera primera vez después del golpe militar -donde yo había vivido diez años hasta el golpe de estado militar-, se realizó allí un seminario en el Hotel Sheraton, que llevaba el título: «La nueva economía política». Fue organizado por los Chicago boys, que estaban entonces en Chile en el poder. Invitado especial era Gordon Tullock, un economista neoliberal de Estados Unidos de la escuela del «public choice». Los de la vieja economía política estaban o muertos o en el exilio.

En este seminario los neoliberales

hacían claro que su programa era mucho más que un programa económico, sino, una transformación global de toda la sociedad en todas sus dimensiones. Tullock destacó -como posición suya-, el «imperialismo de los economistas», la reestructuración total de la sociedad según los principios de las teorías neoliberales[22]. La economía, el estado, la democracia, la educación, la salud y la misma cultura en su integridad caían ahora bajo la rapiña neoliberal. En este mismo tiempo se divulgó de nuevo el libro de Anthony Downs[23] sobre Teo-

---

22   Tullock Gordon, Economic Imperialism, en Buchanan, James M./Tollison, Robert (ed): Theory of Public Choice. Political Applications of Economics. Ann Arbor. University of Michigan Press 1972.

23   Dows Anthony, An Economic Theory of Democracy, New York 1957. Teoría económica de la democracia, Aguilar, Madrid 1973.

ría económica de la democracia. Una de sus conclusiones era que: el elector inteligente es aquel que no gasta apenas un peso en su información, porque la utilidad de su voto es casi nula. Por tanto, el elector tonto es el inteligente.

Prestemos atención: El elector tonto es el inteligente??, la utilidad de su voto es casi nula ¿¡!? Sigue:

El argumento neoliberal lo podemos resumir en tres pasos principales:

1. El análisis neoliberal parte de un hecho, que hoy es comúnmente aceptado por todas las corrientes teóricas e ideológicas existentes en el mundo actual. Se trata del hecho de que está en curso la destrucción de las

fuentes de la producción de toda la riqueza producida.

El hecho empírico de que la producción y el crecimiento del producto producido va acompañado por un proceso de destrucción de las fuentes de la producción de toda riqueza, es también reconocido por los analistas neoliberales. Sin embargo, apenas lo analizan, y menos mencionan la amenaza que consiste en el hecho de que este proceso parece tener un carácter acumulativo.

Este hecho se hace notar con más visibilidad en dos grandes crisis de la economía mundial.

a) La crisis del ser humano, amenazada por la exclusión de grandes partes de la población mundial de la división social del trabajo. Esta exclusión parece estar todavía creciendo. Lleva a las poblaciones excluidas a estrategias precarias y desesperadas de sobrevivencia, que amenazan a la misma sociedad. Esta exclusión se hace presente en todas partes, pero con más intensidad en el Tercer Mundo. Sin embargo, la exclusión de la población en el Tercer Mundo repercute gravemente en el Primer Mundo. Uno de estos efectos es la migración de la población a los centros, que ha llevado al levantamiento de un nuevo muro alrededor de los países del Primer Mundo, para convertirlos en fortalezas: Fortaleza Europa, Fortaleza Estados Unidos. El muro de Berlín, que cayó en 1989, no dejaba salir. Este nuevo muro no deja entrar. Aparece en Europa entre Gibraltar y Tánger y entre los países de la Comunidad Europea y el mundo ex-socialista. En Estados Unidos aparece entre Estados Unidos y México y entre Florida y Haití y la República Dominicana.

Actualmente -2016- se estaría creando un nuevo muro en Europa -a través de los barcos de la OTAM en el Mediterráneo-, que evitaría la entrada de refugiados de Siria.

b) La destrucción acumulativa de la naturaleza y de todo el medio ambiente. La tala de los bosques, el envenenamiento del aire y la tierra, las basuras venenosas, el agujero de ozono, etc. atestiguan esta crisis. Siempre más vinculada con el problema de la exclusión de la población, porque las estrategias desesperadas de sobrevivencia son un factor importante -y posiblemente el factor que será más difícil de controlar- de la propia destrucción de la naturaleza. El problema humano y el problema con la naturaleza resultan inseparables.

2. La teoría -y la ideología- neoliberal contrapone a estas crisis, cuya existencia reconoce, la tesis de la existencia de una mano invisible del mercado, que dirige toda la sociedad capitalista por fuerzas de autoregulación hacia la armonía de un interés de todos. Por tanto, exige *«fe»* en el mercado y *«humildad»* frente a sus procedimientos.

Vemos cómo el liberalismo utiliza léxicos similares a los del cristianismo, pero creando casi una religión al dinero, una religión al capital.

El análisis neoliberal ve al mercado como *«societas perfecta»*. Lo que Marx analiza como efecto de la ausencia de la totalidad concreta -es decir, las leyes que surgen no intencionalmente por la espalda de los productores-, es visto por los neoliberales como efecto de las distorsiones que el mercado está sufriendo. La totalidad concreta de la división social del trabajo y de la naturaleza es sustituida por la totalidad abstracta del mercado total y su equilibrio general. *Por una fuerza mágica de una «mano invisible» el mercado crea una armonía general.*

Armonía que nunca se ha logrado ver ni experimentar, el Mercado autorregulado es simplemente una quimera que el liberalismo trata de implantar en el imaginario popular. En

Argentina entre 2015 -momento que asumió Mauricio Macri como presidente y 2018- en pleno gobierno ultra liberal, con el mercado desregulado y sin contralores de parte del Estado el valor del dólar se disparaba al alza de manera cíclica y el Banco Central debía comprar miles de millones de dólares para poder bajar el precio y de esa manera evitar el colapso de la economía argentina. Claramente el "mercado" no se autorregulaba y sin la intervención "estatal" se hubiese terminado rápidamente en una crisis.

3. Según el análisis neoliberal, la causa de la destrucción de la sociedad y la naturaleza es la intervención en el mercado; dicha intervención serían los intentos de oponerse al (libre) mercado -(por organizaciones populares, Estado intervencionista, etc.).

Dice Adam Smith (ideólogo liberal): *"Los tristes* (los cristianos) *son enemigos del mercado y de la libertad económica (...)"*

"por otro lado están los tristes que, yendo en sentido contrario, intentan que sintamos hacia lo demás lo que naturalmente sentimos hacia nosotros mismos." (El amor al prójimo) *(...)*

"esos moralistas quejumbrosos y melancólicos que perpetuamente nos reprochan que seamos felices cuando tantos de nuestros semejantes son desdichados, que consideran impío el regocijo natural ante la prosperidad."

Para Smith esta *"simpatía extrema"* (empatía, amor al prójimo) *"es totalmente absurda e irrazonable".* Para el liberal todos los cristianos son hipócritas debido a que no comprende ni acepta el amor al prójimo y por lo tanto considera que -quién lo menciona o lo lleva a cabo- miente.

En ésta forma de pensar se puede comprender el discurso del gobierno de Cambiemos en Argentina-2016 del presidente Macri y su *revolución de la alegría*, que no era otra cosa que solidaridad entre ricos que festejaban el fin de la justicia social. Sigue:

La actitud crítica frente al mercado es considerada como soberbia/orgullo. Se trata de un golpe de fuerza del pensamiento neoliberal quien considera -a los esfuerzos concretos para impedir esa destrucción- la razón de su existencia.

En la visión neoliberal las fallas del mercado se corrigen por más mercado. El mercado es perfecto, el ser humano es imperfecto. El mercado contiene una promesa de salvación en el grado -en el grado-, en el cual es sacralizado como tal. Por tanto, no se debe reaccionar ni a las distorsiones de la división social del trabajo ni de la Naturaleza, sino tener fe en el mercado.

La fe salva.

El neoliberalismo reemplaza el mesianismo de Jesús y su salvación por el Mercado como mesías en el imaginario del pueblo.

Las teorías neoliberales se basan en el pensamiento liberal anterior, en especial en la teoría del equilibrio general elaborada por Walras/Pareto. Repiten constantemente la fórmula de Adam Smith de la *«mano invisible»* del mercado y la interpretan en la línea de las *«fuerzas auto-reguladoras del mercado»* constituidas en un automatismo. Pero esta coincidencia oscurece fácilmente el hecho de que entre el pensamiento liberal y el neoliberal hay un corte profundo.

Ciertamente, también los pensadores liberales creen en estas fuerzas auto-reguladoras de la *«mano invisible»*. Pero a la vez las relativizan. Por eso, fácilmente se convencen de que hace falta complementarlas por medio de intervenciones en el mercado. Los pensadores liberales raras veces totalizan el mercado, sino que lo ven como el centro de la sociedad, alrededor del cual hacen falta actividades correctivas que mantengan al mercado en límites. En su visión, el mercado no es una *«societas perfecta»*, eso explica porqué los pensadores del capitalismo intervencionista y de reformas de la *«sociedad de bienestar»* de los años 50 y 60, son pensadores liberales. Inclusive Keynes, quien con más insistencia persiste en la necesidad de poner una mano visible al lado de la invisible manteniéndose en los límites generales del pensamiento económico liberal.

Es claro que los liberales -probablemente-, hayan aprendido que no existe la posibilidad de que "el mercado" se autorregule, o de que el mercado sin regulación funcione correctamente.

Los neoliberales, en cambio, totalizan el mercado y lo ven como «societas perfecta» sin restricciones. Reducen toda política a una aplicación de técnicas del mercado y renuncian a la búsqueda de compromisos. Dejan de negociar para imponer. El lema central se puede resumir así:

A fallas de mercado, más mercado. Las fallas nunca son del mercado mismo, sino son resultado de distorsiones que el mercado sufre. Las crisis de la exclusión y de la Naturaleza, por tanto, no son resultado de alguna deficiencia del mercado, sino que resultan del hecho de que el mercado no ha sido suficientemente globalizado y totalizado aún. A eso se añade: a fallas de la tecnología, más tecnología; a fallas de la guerra, más armamentos. La misma «guerra de las estrellas» se basaba en este utopismo infinito, orientado por la idea de una invulnerabilidad de un Aquiles sin talón de Aquiles asegurado por un armamentismo ilimitado.

Ocurre una inversión. Los problemas concretos de la exclusión de la población y de la destrucción de la Naturaleza son vistos como resultados de las distorsiones que sufre el mercado. Desde el punto de vista neoliberal se atestigua solamente el hecho de que el mercado no ha sido respetado suficientemente. Por lo tanto, la razón del desempleo es la política del pleno empleo, la razón de la miseria es la existencia de los sindicatos y del salario mínimo, la razón de la destrucción de la naturaleza es la insuficiencia de la privatización de ella.

Se ve aquí el discurso del presidente de Argentina Mauricio Macri -2016 que decía que el gobierno anterior había "ocultado el empleo generando empleo". En realidad lo que estaría diciendo es que el gobierno anterior había dejado de dar empleo "bueno" (empleo esclavista) dando empleo "malo" (trabajo con horarios, sindicalizado, etc.).

Esta inversión del mundo, en la cual una institución pretendidamente perfecta sustituye por completo la realidad concreta para devorarla, explica la mística neoliberal de la negación de cualquier alternativa, sea ésta buscada dentro de los límites del capitalismo en general o no[24].

En la misma política de los centros financieros mundiales subyace la totalización del mercado, que cree ver solucionado el problema del mundo en tanto se perfecciona lo que ellos

---

24   Eso nos dice Hayek: "...no sería suficiente frenar a aquellos que desean destruir la democracia para lograr el socialismo, o incluso a aquellos totalmente comprometidos con un programa socialista. El más fuerte apoyo a la tendencia hacia el socialismo viene hoy de aquellos que sostienen que ellos no quieren capitalismo ni socialismo, sino un "camino intermedio", o un "tercer mundo"". Hayek Friedrich A., El ideal democrático y la contención del poder, "Estudios Públicos", Santiago de Chile diciembre 1980.

llaman la «globalización de los mercados».

Lo que resulta es, -aceptando el concepto del totalitarismo de Hannah Arendt-, una ideología totalitaria, que lleva a puras políticas de «tabula rasa», que en el lenguaje neoliberal se llama «política de choque». Se guía por un principio que Reagan usó frecuentemente en sus campañas electorales: «No hay problema con el Estado, el Estado es el problema», Hayek lo vincula inclusive con la mística de la «última batalla».

Aquí pueden verse los primeros movimientos del presidente de Argentina M. Macri -2016, en que sus acciones iniciales de gobierno se dirigieron al desmantelamiento de todos los organismos de contralor del estado argentino. Cosa que continuó acentuando en cada una de sus acciones posteriores.

«La última batalla en contra del poder arbitrario está ante nosotros. Es la lucha contra el socialismo: la lucha para abolir todo poder coercitivo que trate de dirigir los esfuerzos individuales y distribuir deliberadamente sus resultados»[25].

El discurso inverso permanente. Los liberales utilizan una y otra vez discursos inversos que hace muy difícil seguirlos y por otro lado generan cierta disociación en el que escucha.

---

25 Hayec, F., op. cit., p. 74. Resulta una ideología, que es obviamente complementaria con lo que era la ideología de la ortodoxia socialista en la Unión Soviética. Lo único que hace es sustituir las "relaciones socialistas de producción" por el mercado total. Todo lo otro sigue en pie. Sobre esta complementariedad ver: Hinkelammert Franz, ¿Capitalismo sin alternativas? Sobre la sociedad que sostiene que no hay alternativa para ella, "Pasos", n. 37, sept.oct., 1991, DEI, San José.

La anti-utopía secularizada y la
apocalíptica en el neoliberalismo

El mercado total -en su representación del automatismo del mercado-
es, como tal, utópico en el sentido de
una societas perfecta y de una institución perfecta. Pero se trata de una
utopía, una utopía que no es percibi-
da como tal, sino que es identificada
con la realidad.

El neoliberalismo intenta hacer creer al pueblo que sus metas liberales pueden hacerse posible, algo que desde el principio resulta imposible.

El reconocer la utopía como realidad, se considera como realismo o
pragmatismo. El neoliberal, al pro-
nunciar sus utopías, se siente rea-

lista. Acto seguido, este supuesto realismo se enfrenta a todas las utopías, con el resultado de que todas las imaginaciones de libertad o solidaridad, que cuestionan el mercado, parecen ser utopías. Por lo tanto, la ideología del mercado total se hace pasar como anti-utópica. En verdad, lo es, solamente en referencia a todas las utopías u horizontes utópicos, que hacen presentes una libertad o solidaridad concretas. Al hacer eso, especialmente con las utopías socialistas, la ideología del mercado total es anti-utópica en relación con ellas. Por esto, anti-utopía y antimesianismo son sus rasgos fundamentales, en cuanto a que se trata de proyecciones utópicas de la solución de problemas concretos.

Se puede comprender en este punto lo anti-cristiano del neoliberalismo, ya que –justamente-, el cristianismo no es utópico, puesto que su principal "utopía" –la llegada del Mesías-, ya se ha cumplido, y por lo tanto, ha dejado de ser utopía.

Sin embargo, de esta su anti-utopía, la ideología del mercado deriva consecuencias utópicas. Desarrolla por tanto una utopía cuya realización promete como resultado la destrucción de todas las utopías. Destruir movimientos utópicos e imágenes utópicas aparece ahora como el camino de la realización de esta misma utopía. De su anti-utopismo frenético esta ideología deriva la promesa utópica de un mundo nuevo. La tesis básica es: quien destruye la utopía, la realiza.

El neoliberalismo se nutre y retroalimenta de contradicciones casi dementes.

Ya el hecho de que se ofrezca al mercado total como societas perfecta y como competencia perfecta, hace visible este horizonte utópico de su anti-utopía. Las denominaciones, que se escogen para nombrar esta sociedad de mercado, revelan ya que el realismo de mercado pretendido no es más que un utopismo ilusorio. Reagan se refiere a esta sociedad del mercado -total y agresiva- como «ciudad que brilla en las colinas», lo que significa en el lenguaje esotérico de Estados Unidos nada menos que una nueva Jerusalén o un reino milenario. Igualmente, Reagan anuncia la sociedad de Estados Unidos como «luz eterna», como «catedral de la libertad» y como «guía iluminador de siempre para la humanidad». Así la societas perfecta del automatismo del mercado recibe su brillo utópico, que luce tanto más cuanto más tenebrosa se pinta la conspiración mundial del Reino del Mal.

Recordemos que a los países de América Latina que intentan seguir políticas sociales se los llama "el eje del mal" desde los medios de difusión controlados por los liberales.

Para que esta utopía brille con mayor luz hace falta solamente destruir a los utopistas que constituyen el Reino del Mal. Se trata de una utopía anti-utópica agresiva, cuya realización se anuncia como resultado de la destrucción de todos los utopistas del mundo.

El camino hacia esta utopía no es asegurar la paz y un desarrollo humano solidario. Al contrario, los que quieren eso son considerados precisamente como los utopistas. Para que la humanidad se encuentre a sí misma, hay que asegurar la lucha y destruir la solidaridad.

El anti-mesianismo, el camino contrario a las enseñanzas del Mesías, de Jesús, y como tal, del cristianismo, se hace patente. En Argentina, en 2018 se filtraron a la prensa fotos en las que se puede ver a algunos de los ministros del gobierno de Macri mientras cortaban y comían una torta de tamaño natural de Jesús, en una acción de absoluta banalización y profanación de lo sagrado del cristianismo.

Querer la paz y el desarrollo solidario de la humanidad es un signo del Reino del Mal. La vida es lucha y la solidaridad consiste en tener la libertad para luchar. La lucha es el principio de la vida de la sociedad. Por tanto, quien está en contra de la lucha, está en contra del principio de vida de la humanidad. Por tanto hace falta llevar una lucha que asegure este principio de vida de la sociedad, que es precisamente esta lucha. La utopía amenaza la existencia de esta lucha y por tanto hace falta hacer la guerra total en contra de la utopía. Al ganar esta guerra, se crea un mundo nuevo que puede ser celebrado ahora utópicamente. Que la lucha se imponga definitivamente como principio de vida de la humanidad, aparece como nuevo mundo utópico.

Cómo vemos el neoliberalismo -en su base, en sus fundamentos-, da vuelta la realidad permanentemente generando o intentando generar una realidad alterna totalmente opuesta a la lógica, y de esa manera logra que la persona abandone el intento de analizarlo, ya que al hacerlo se enfrenta a dudas sobre su propia cordura.

La ideología del mercado total no es más que la forma neoliberal del desarrollo de esta ideología de lucha. Se trata de la ideología de una lucha que se lleva a cabo en el mercado y que es el principio de vida del mercado y de toda la sociedad. Hace falta proteger esta lucha en contra de los movimientos populares y los intervencionistas del Estado, para que el mercado pueda dar sus frutos. El lema designado a extender y asegurar esta lucha de mercado se llama: más mercado. La lucha en contra de la utopía, también aquí es una lucha que se lleva a cabo para poder luchar libremente. Junto con la utopía aparece por tanto como adversario cualquier humanismo. Su destrucción se celebra de nuevo como recuperación de lo humano, que no es sino el respeto para esta lucha.

Sin embargo, esta utopía anti-utópica no celebra únicamente lo que hay. Fundamenta un proceso de mercado total que tiene una dimensión infinita hacia el futuro y al cual se imputa una perspectiva. Esta sociedad de mercado no es solamente una «ciudad que brilla en las colinas». Se encuentra a la vez en un proceso para llegar a serlo. A través de un proceso infinito de totalización del mercado llega a tener una perspectiva infinita. No es solamente la presencia de un principio utópico, sino a la vez futuro utópico.

Esta «ciudad que brilla en las colinas» es una referencia a Sion, a Jerusalén, e intenta que se identifique con el judaísmo. El liberalismo es sionista, sionista pero no judío. Por lo general confundimos sionismo con judaísmo cuando son dos cosas distintas.

Por un lado se fabrica esta utopía por una manipulación de la utopía socialista tradicional que se junta ahora con relaciones de producción capitalista. Eso implica algunas refor-mulaciones, pero se asumen, en esta manipulación de la utopía, imágenes

nes de discapacidad, se rebajaron las jubilaciones y se cambió la forma de calcular la indexación de las mismas asegurando de esa forma su pérdida permanente de poder adquisitivo, lo cual condenó a los ancianos de medio y bajos recursos.

Sigue:

Cuenta cómo cayó en las manos de los utopistas.

Vemos nuevamente el discurso inverso. Llama utopistas a los contrarios al liberalismo cuando en realidad son ellos los utopistas.

Fue «secuestrado por una horda de amigos de la paz izquierdistas hacia dos gigantescos babeles pecaminosos». Uno era un seminario con pensamientos liberales: «desarme atómico, integración de razas y otras canciones alegres. Sin embargo, el trasfondo de este canto alegre es el miedo de lo que puede pasar.

El neoliberalismo canta este canto, mientras el neoconservadurismo y el fundamentalismo transforman este mismo miedo en un culto a la muerte. Por eso son la verdadera raíz también del neoliberalismo, aunque tengan muchas diferencias entre sí. Es el miedo que tienen en común, y este miedo forma el trasfondo del movimiento conservador de masas, que hoy ha vuelto a surgir.

Esta mística de la muerte pasa por la imaginación de la aniquilación de una parte de la humanidad para salvar el resto. La victoria posible con la cual se sueña consiste en ser el último que perezca. Se mantienen sueños débiles de salida.

A partir de eso también se entiende de la actual estrecha vinculación del neoliberalismo con el neoconservadurismo y el fundamentalismo cristiano en los Estados Unidos.

Esta ideología de la muerte aparece hoy en una forma decantada, secularizada y burocratizada. Así ocurre en el último libro de Toffler[33]:

«El nuevo imperativo económico está claro: Los suministradores de ultramar en los países en desarrollo, o alcanzan con sus tecnologías los estándares de la velocidad mundial, o se los va a cortar brutalmente de sus mercados -serán los muertos caídos del efecto de aceleración. Esta

---

33   Alvin Toffler (Nueva York, 3 de octubre de 1928-Los Ángeles, 27 de junio de 2016) escritor y futurista estadounidense, doctorado en Letras, Leyes y Ciencia, conocido por sus discusiones acerca de la revolución digital, la revolución de las comunicaciones y la singularidad tecnológica.

Creo que la razón hay que buscarla precisamente en el hecho de que todos estos pensamientos utópicos desembocan en la consideración de su utopía como una imagen del futuro, que después de la revolución podría ser realizada por medio de la acción humana como resultado de un progreso técnico-económico infinito. Una vez realizada la nueva sociedad, el aferramiento en su estabilización parece ser la única garantía de realización de la meta utópica originales. La utopía es considerada como factible, aunque sea «en principio».

Es claro que al realizar cierto paralelo entre liberalismo, neoliberalismo y cristianismo se concluye -sin ningún asomo de duda-, que no se puede ser cristiano y neoliberal. Cristianismo y liberalismo se encuentran en veredas taron la vida a 276 inocentes judíos en el caso del primero y 769 en el caso del último.

Se conocen mejor las campañas de terror estatal contra inocentes árabes y británicos. Obviamente este movimiento no valora para nada la vida humana, y no tolera la crítica pública.

Por suerte, sin embargo, le falta al sionismo el arma más poderosa en cualquier arsenal ideológico, pues no tiene la verdad de su parte.

Por esto es que hoy en día a pesar del poder del lobby sionista y el servilismo hasta una fecha reciente de la mayoría de los políticos, medios e instancias educacionales aquí en América, a sus dictámenes, el bloqueo está llegando a su fin.

Hay más y más gente cuestionando la versión sionista de la historia.

pueden los que rechazan el judaísmo convertirse en dirigentes de los judíos? Su natural instinto los llevaba a combatir la observancia de la Torah.

El sionismo estaba totalmente indiferente hacia los no judíos en general, y hacia el pueblo palestino que ya vivía allí. Su política opresiva iba a causar forzosamente mucho dolor y sufrimiento, y tenía que llevar a la judería mundial a conflictos innecesarios con las naciones del mundo entero.

El sionismo llevaría a los judíos a ser menos leales a los gobiernos bajo cuya protección vivían en el exilio. Esto debilitaría el patriotismo judío y exacerbaría los conflictos entre judíos y gentiles.

Por el mundo entero, los sionistas eran una minoría. Incluso aquellos giados palestinos.

Esto es lo que exige la justicia elemental. Es el camino de la Torah y del sentido común.

El pueblo judío tiene muchos mandamientos (mitzvos) según los cuales debemos permanecer en el exilio. Atacar y matar a los niños palestinos no forma parte de ningún mandamiento.

Claro que hoy en día residen millones de judíos en Palestina. Decidir si algunos, todos o ninguno deben seguir viviendo allí bajo gobierno palestino es cuestión que le atañe a los palestinos, los legítimos soberanos de la tierra.

Esto dará inicio al proceso de paz con justicia y bendiciones entre pueblo palestino y pueblo judío.

Mientras tanto sin embargo, dado

que justificaban la existencia de grupos desiguales, definidos legalmente y avalados por Dios.

Los defensores de una monarquía instaurada por la divinidad argumentaban que, aun cuando Dios pudiera considerar iguales a todas las almas en función de su capacidad para alcanzar la salvación, les asigna diferentes papeles que desempeñar en la tierra. Algunos están destinados a gobernar, otros a obedecer. El racismo, una situación de privilegios y ventajas disfrutados por algunas razas y que son denegados a los miembros de otras, había sido avalado por la ley. La herencia era el método preferido para asignar a los individuos a grupos de estatus desigual. En tanto que los filósofos de los siglos XVII y XVIII, que propugnaron la teoría del centrales de esperanza seguidas en la tradición socialista.

Esto se puede demostrar con el ejemplo de un discurso de Reagan dirigido a la juventud alemana en Hambach (Frankfurter Rundschau, 7 de mayo de 1985).

Reagan empieza con el anuncio de un futuro brillante erigido en contra de la tiranía:

«Ustedes pueden seguir sus sueños hasta las estrellas... y nosotros, que vivimos en esta catedral de la libertad, no debemos olvidar nunca: vamos a ver delante de nosotros un futuro brillante; vamos a ver surgir las cúpulas de la libertad y -también eso podemos prever, el final de la tiranía, si creemos en nuestras fuerzas mayores- nuestra valentía, nuestro valor, nuestra capacidad infinita de

amor».

Habla de *"catedral de libertad"* debido a que el liberalismo original echó sus raíces en Estados Unidos luego de haber sido expulsado de Inglaterra y enviado a América en la época de la colonización. Esa libertad de la que habla es la base del liberalismo, una libertad sin contralor, la libertad del liberal por encima de la libertad del resto, una libertad de los liberales para los liberales, dónde el "nosotros" o el "todos" –liberal– no incluye al resto.

Cierta vez -en una conversación- un liberal me dijo: *"Cuando decimos estamos todos ¿quién queda afuera?"* En ese momento no le entendí, no entendí ¿cómo podía quedar alguien afuera si estábamos todos?, parecía un acertijo. Tiempo después lo comprendí, el "todos" liberal no incluía al resto.

Sigue la descripción del futuro brillante que desemboca en frases que casi textualmente podrían ser de Bebel o Trostki.

«Vamos a transformar lo extraordinario en cotidiano -así obra la libertad-. Y los misterios de nuestro futuro no pertenecen sólo a nosotros aquí en Europa y América, sino a todos los hombres en todos los lugares para todos los tiempos... El futuro está esperando su espíritu creativo. De sus filas puede crecer para el futuro de Alemania un nuevo Bach, un nuevo Beethoven, un nuevo Goethe y un nuevo Otto Hahn».

«Transformar lo extraordinario en cotidiano» es una vieja fórmula utópica. August Bebel había dicho al final del siglo XIX:

«Las generaciones futuras... realizarán sin mayor esfuerzo tareas en

las cuales en el pasado cabezas extraordinarias han pensado mucho e intentado encontrar soluciones, sin haberlas podido encontrar».

También Trotsky sueña con transformar lo extraordinario en cotidiano:

«El promedio humano se va a erigir hasta el nivel de un Aristóteles, Goethe, Marx. Por encima de esta cima se van a erigir nuevas cúpulas».

Reagan une esta utopía que él llama «la verdadera revolución de la paz en libertad» con utopías de progreso técnico y con la utopía de una paz considerada como resultado de un armamentismo desatado y sin límites.

Todo eso lo presenta como la ley de la historia:

«La historia no está al lado de aque-

llos que manipulan el significado de palabras como revolución, libertad y paz. En cambio, la historia está al lado de aquellos que luchan en todo el mundo para una verdadera revolución de la paz en libertad».

Aquí se ve muy claramente como en realidad es él quién manipula las palabras "revolución, libertad y paz" intentando que la historia se ponga de su lado.

Siempre la historia decide de qué lado está la libertad: está del lado de aquel que gana. Eso precisamente es el fin de la historia, tan querido tanto por los estalinistas como por los neo-liberales.

En realidad la libertad no está del lado del que gana, sino que el que gana obtiene la libertad –su libertad- por sobre el de la que pierde, al menos en el pensamiento liberal.

En su libro El triunfo de la política (1986), David Stockman -jefe de presupuesto del Gobierno de Reagan hasta 1986- atestigua la cercanía entre neoconservadurismos, el fundamentalismo cristiano de Estados Unidos y el neoliberalismo. Él llama monstruo y bestia a todo lo que no sea totalización del mercado.

Vemos como usan términos casi bíblicos para referirse a lo que quieren designar como el mal: la bestia, tratando de influir en el que escucha estas ideas de manera subliminal.

Como muchos neoliberales, él se hace pasar como un convertido de la izquierda, que encontró su realismo en el neoliberalismo y su utopismo. De un profesor liberal suyo en su juventud dice que *«en el plazo de tres meses destruyó todo en lo cual yo había creído, desde el buen Dios hasta la bandera de las estrellas»* (según publicación de capítulos del libro en el Spiegel, 1986, n. 16, pág. 201). Considera la política -como tal- como intervencionismo nefasto: *«…los políticos están arruinando el capitalismo americano»* (ibid. pág. 210). Como el intervencionismo crea dependencias, Stockman, una vez director del presupuesto en el gobierno de Reagan, quiere cortar el cordón umbilical de la dependencia. *«Mi plan confiaba en un dolor breve y agudo, en favor de una recuperación de la salud a largo plazo»* (ibid., pág. 219). *«Esto significaba también el corte repentino de la ayuda social para los necesitados con capacidad de trabajo... Solamente un canciller de hierro lo podría imponer»* (nº 16, pág. 219); un «matador de dragones» (ibid., pág. 222).

Una vez más se puede apreciar cómo cualquier tipo de control -en este caso los políticos que puede votar leyes en contra o analizar sus conductas-, son tildados de "intervencionistas", y de hecho -para ellos-, es así, los políticos intervienen y cortan determinadas actitudes o frenan otras. En Argentina en el 2000 se hablaba de "que se vayan todos" [los políticos], los que podían controlar. En la Argentina de 2016 el presidente neoliberal Macri realizó enormes recortes y ajustes nunca vistos en los primeros seis meses de gobierno. Luego a medida que su gobierno siguió avanzando los ajustes y recortes de políticas sociales se profundizaron cada vez más. Se eliminaron subvenciones, pensio-

utopías».

Llama utopía al desarme atómico y al no racismo ¿¡!?, o sea, para él la carrera armamentista nuclear y el racismo son cosas naturales e inevitables.

Al otro se refiere cuando cuenta «con qué temor me encontraba en el hall del edificio de la ONU, aquel bastión de los defensores de la distensión, de los comunistas y de los herejes izquierdistas. Yo temblaba pensando en la ira de Dios sobre mi estadía en este mercado de maldad...» (Spiegel, n. 17, pág. 177). Lo que no menciona, teniéndolo obviamente presente, era la sede del Anti-Cristo. Su trasfondo fundamentalista se hace evidente.

Se salvó leyendo a Niebuhr: «Niebuhr era crítico sin piedad del utopismo» (ibid., pág. 177). Stockman mismo ahora se transformó en un matador de dragones. Sobre la «propensión hacia la economía estatal» habla como de un «monstruo» y dice: «...yo lo combatí con una espada de la herrería del economista del mercado F. A. Hayek».

Sin embargo, en su lucha contra la utopía se le retornó la utopía, aunque ahora en la forma anti-utópica del neoliberalismo, a la cual Stockman se refiere como «doctrina nueva de la oferta»: Sigue: «En un sentido más profundo, sin embargo, la doctrina nueva de la oferta no era sino una reedición de mi viejo idealismo social en forma nueva y, como yo creía, madurada. El mundo podía empezar de nuevo desde los comienzos. Las crisis económicas y sociales, que están aumentando, desde los comienzos. Las crisis económicas y sociales, que están aumentando, podrían ser superadas. Los males heredados más viejos de racismo y del pauperismo podrían ser superadas. Los males heredados más viejos del pauperismo podrían ser superados por reformas profundas que partían de las causas políticas. Pero sobre todo, la doctrina de la oferta ofreció una alternativa idealista para el sentido del tiempo cínico, pesimista» (ibid., pág. 185). Las reformas fundamentales, que parten de las causas políticas, y a las cuales Stockman se refiere, son acciones en contra de cualquier intervencionismo y de cualquier influencia política en el mercado. El idealismo social notable de Stockman ayuda al desempleado quitándole su subsidio de desempleo y celebra esta medida como un paso en el camino realista hacia la eliminación de la pobreza y del desempleo.

Todo esto tiene un trasfondo religioso que coincide nítidamente con el fundamentalismo cristiano. Stockman habla totalmente en serio del «evangelio de la oferta» (ibid., pág. 192)[26].

La sacralización de las relaciones de producción: el carácter conservador de la utopía. Resulta una total sacralización de las relaciones sociales de producción. Eso explica el gran parecido entre la ideología estaliniana

---

26   Se trata de una biografía que explicita bien el surgimiento de la utopía an-tiutópica. Sobre la ideología del neoliberalismo, ver Franz J. Hinkelammert, Crítica a la razón utópica, DEI, San José, Costa Rica 1984, pp. 53-94.

de Estados Unidos y la neoliberal. Ambas sacralizan sus relaciones de producción correspondientes de una manera análoga.

Como cualquier alternativa a esta sacralización tiene que partir de la afirmación de la solidaridad humana frente a las crisis concretas de la división social de trabajo y de la naturaleza, la ideología de la societas perfecta lleva a la diabolización de la solidaridad. Esta opera también por inversión: todos solidariamente renuncian a la solidaridad. Todos unidos combaten a aquellos que se quieren unir; como en la pro-slavery-rebellion los amos de esclavos actúan solidariamente en favor de la esclavitud y en contra de la solidaridad humana, aparece aquí una rebelión en contra de la solidaridad humana, que llama a la acción común de todos.

Decía Mauricio Macri, presidente de Argentina a un mes de haber asumido en 2016: "Voy a construir un inmenso puente que nos lleve de las frustraciones a las alegrías del futuro". "Lo primero que tenemos que hacer es reconocer que no estamos bien aunque nos duela, aunque cueste. Es la forma de poner el punto de partida en busca de ese horizonte que soñamos". Macri hablaba de las frustraciones -de la clase rica-, y ofrecía una utopía del horizonte soñado, buscando la solidaridad de sus pares en contra de los intereses del pueblo.

Resultado de la promesa de la salvación/buena nueva del liberalismo económico:

1. Promesa de un crecimiento sin fin.

2. Abundancia (la satisfacción de

los deseos).

3. Unidad de la humanidad a través del mercado.

4. Aceptar la destrucción del ser humano y de la naturaleza confiando en las fuerzas salvíficas del mercado, es proclamado como el camino para superarla.

De esta manera, la elite defiende su interés en nombre del interés de todos.

Mística de la muerte y del heroísmo del suicidio colectivo

La otra cara de este mensaje salvífico es una ideología mucho más nefasta aún. Tiene sus raíces tanto en el neoconservadurismo actual como en el fundamentalismo cristiano de Estados Unidos.

Se trata de la ideología del heroísmo del suicidio colectivo, que es la única manera de sacralización de las relaciones sociales de producción en el caso, de que habría que aceptar que la totalización del mercado está precisamente en la raíz del proceso acumulativo de destrucción de la vida del planeta.

En este caso, la afirmación ciega del mercado total implica de hecho el suicidio colectivo de la humanidad, y el heroísmo correspondiente es el camino para aceptarlo. La sacrificialidad del sistema se sale de todos los límites.

Creo que la utopía neoliberal es como el canto de un niño, que pasa por un bosque oscuro. Para contrarrestar su miedo canta con voz lo más alta posible, y canta precisamente

Podemos ver este pensamiento típicamente estadounidense en movimientos de survivalismo cómo los "preppers"[27] o en construcciones de refugios subterráneos antiatómicos para los particulares. También en películas cómo "El día después de mañana", "Soy leyenda", o "2012" en la que se salva sólo una elite, y muchas otras de tipo apocalíptico.

El progreso técnico entonces es mitificado en el sentido de que la tecnología podría encontrar una salida, que

---

27   Survivalismo (Estados Unidos) es el nombre que recibe el movimiento de individuos o grupos (llamados en inglés "survivalists") quienes se preparan activamente para sobrevivir una posible futura alteración del orden político o social, ya sea a nivel local, regional, nacional o internacional. Los survivalistas frecuentemente se preparan con anticipación para estos acontecimientos ya sea recibiendo entrenamiento médico, almacenando agua y alimentos, preparándose para la defensa propia o el autoabastecimiento, y/o construyendo edificios que los ayudarán a sobrevivir y a refugiarse.

hoy todavía no es visible para aquél, que sobrevive más. Aquí también las imaginaciones que sostienen que el barco del Primer Mundo está lleno y que otros ya no caben y deben quedar afuera.

Decían:

"No creamos este medicamento para los indios, sino para los occidentales que pueden pagarlo". (Marijn Dekkers, consejero delegado de la empresa Bayer)

"Hay que tomar las medidas para la reducción demográfica del globo terráqueo, aun en contra de la voluntad de sus respectivas poblaciones. La reducción del índice de natalidad ha sido un fracaso. Por eso tenemos que aumentar la tasa de la mortalidad por medios naturales, por el hambre y por la inoculación de todo tipo de

enfermedades". Robert McNamara (Exsecretario de Defensa de Estados Unidos)

Es notable que la sociedad capitalista actual, desarrolla, paralelamente al optimismo artificial de la salvación por el mercado, esta mística de la muerte. Eso la vincula con el fascismo de los años 20 y 30, que también floreció dentro de una cultura de la muerte parecida a la actual. Eso explica la vuelta al primer plano de los autores de esta cultura fascista, como de Nietzsche, Carl Schmitt, Heidegger. Se descubre entonces que hay una cultura muy análoga en escritores como Borges, Vargas Llosa y Octavio Paz[28].

---

28 Especialmente Paz Octavio, El laberinto de la soledad, FCE, México 1959. En sus obras posteriores Paz es mucho

No hay libro más violento en esta línea que la Historia de Mayta, de Vargas Llosa. Mayta es un personaje de la izquierda peruana, que Llosa describe como persona incompetente, con tendencia al terrorismo y a la homosexualidad. Todo el libro prepara la última página, en la cual Mayta y los suyos son denunciados como basura humana. No queda ni el resto de algún humanismo. En la basura viven, basura son. Una protesta popular se ve, por tanto, como una rebelión de la basura.

Desde Jünger, pasando por Borges a Vargas Llosa, toda literatura fascista culmina en estas situaciones de lucha a muerte, que es celebrada como el gran abrazo: el amor es la muerte,

más diferenciado.

la muerte es amor: viva la muerte.

Este heroísmo del suicidio colectivo tiene su versión fundamentalista cristiana (manipulada por Lindsey y lejos del cristianismo):

«... este período (de la tribulación) se caracteriza por la gran destrucción que el hombre hará de sí mismo. La humanidad estará al borde de la aniquilación cuando Cristo aparezca de repente, para poner fin a la guerra de la guerras: »[29].

De unas pretendidas profecías de Zacarías (Zacarías 14,12 - Biblia) dice:

«¡Un cuadro aterrador! ¿No es verdad? ¿Se le habrá ocurrido al lec-

---

29   Ver Hal Lindsey, La agonía del gran planeta Tierra, Editorial Vida, Miami 1988 (The Late Great Planet Earth, Zondervan Publishing House, Grand Rapids, Michigan 1970), p. 50. En la década de los 70 se vendieron en Estados Unidos 15 millones de ejemplares y fue el best seller de la década.

tor que eso es exactamente lo que le ocurre a cualquier persona en una explosión nuclear? Parece que tan terrible evento se realizará el día del retorno de Cristo»[30].

«Cuando la batalla de Armagedón llegue a su temible culminación y parezca ya que toda existencia terrena va a quedar destruida (Lindsey la entiende como guerra atómica), *en ese mismo momento aparecerá el Señor Jesucristo y evitará la aniquilación total. A medida que la historia se apresura hacia ese momento, permítame el lector hacerle unas preguntas: ¿Siente miedo o esperanza de liberación?»*

Lindsey promete la «liberación» como resultado de la muerte. Sin em-

---

30   Lindsey, p. 231.

bargo, toda la ideología de la mística de la muerte contiene este tipo de promesa. Como en su anti-utopismo no quieren la anticipación del cielo en la tierra -que pretendidamente produce el infierno en la tierra-, anticipan una sociedad sin ninguna utopía y sin ninguna esperanzas. Las ideologías de la mística de la muerte no comparten tampoco el utopismo neoliberal con sus promesas. En su anti-utopismo niegan inclusive esta extrema manipulación del mensaje salvífico. Pero no escapan de la dimensión utópica de la vida humana tampoco. Hasta Ludolfo Paramio[31] desemboca en el grito: ¡Viva la muerte de la utopía! La utopía es ahora de una sociedad,

---

31 Ludolfo Paramio Rodrigo (Madrid, 16 de julio de 1948 -), periodista, político y sociólogo español. Constituye, -junto a otros- la segunda generación de teóricos del cómic surgida en España.

en la cual nadie ya tiene utopías y esperanzas. Dante escribió sobre la entrada el infierno: *«¡Ay, quienes entráis aquí, perded toda esperanza!»*. La mística de la muerte anticipa el infierno en la tierra, para no anticipar el cielo. Pero también el infierno en la tierra es una utopía. Igualmente, como la anticipación del cielo en la tierra no lo realiza, la anticipación del infierno también crea un horizonte utópico, al cual no se alcanza nunca en toda su perfección[32].

---

32 Este infierno en la tierra como el nuevo ideal de la burguesía salvaje tiene antecedentes: en la Edad Media muchas veces se pintan cuadros del infierno que no son otra cosa que la visión de la tierra bajo el aspecto de su transformación en infierno. En esta imaginación del infierno, los condenados son torturados y maltratados. Los maltratan los diablos. Pero a los diablos no los maltrata nadie, andan con una sonrisa que les está pegada en la cara como una piedra. Estos diablos que hacen el infierno creen que están en el cielo. Les va bien, nadie los trata mal, y ellos tratan mal a los otros.

es la economía "rápida" de mañana. Ella es la nueva máquina de bienestar acelerativa, dinámica, que es la fuente del avance económico. Como tal es también la fuente de un gran poder. Estar desgajado de ella significa estar desgajado del futuro.

Pero eso es el destino que enfrentan muchos de los países LDC[34] o "países menos desarrollados".

Como el sistema mundial de la producción de riqueza está arrancando, los países que quieren vender tienen que operar a la misma velocidad que los países en la posición de compradores. Eso significa que las economías lentas o aceleran sus respuestas neurales o pierden sus contratos e inversiones o caen completamente fuera de la carrera». Concluye: *«Un*

---

34 Least Developed Country (LDC)

"gran muro" separa los rápidos y los lentos, y este muro está creciendo más con cada día que pasa»[35].

¿Acaso no lo es que Toffler aquí proyecta y anuncia la utopía del infierno? En América Latina esta cultura de la muerte no tiene una presencia tan clave como en los países del Primer Mundo.

Principalmente por ser mayoritariamente católica (América Latina) recién ahora -2016-, empieza a familiarizarse con el fundamentalismo protestante de Estados Unidos –cada vez más presente-, y su permanente pensamiento apocalíptico, aquel permanente "fin del mundo" que va a ser mañana, o mañana, o mañana…

---

35   Del original en inglés: "A "great wall" separates the fast from the slow, and that wall is rising higher with each passing day".

Prevalece más bien el optimismo decretado de la "societas perfecta" del mercado. Eso se explica porque el Tercer Mundo será la primera víctima de un estallido en esta dirección. Si la visión de Toffler se realiza, América Latina será una de las víctimas. Por eso, no aplaude tanto como los países del Primer Mundo. Prefiere mentirse a sí misma en nombre de las ilusiones utópicas neoliberales, aunque su resultado sea el mismo.

La utopía y lo imposible: dimensiones teológicas de la reflexión sobre la utopía

La utopía neoliberal, como la hemos visto, es una utopía conservadora. Es

de sacralización de la sociedad existente. La utopización de la sociedad
existente es precisamente el método para sacralizar esta sociedad en
nombre de pensamientos considerados como secularizados[36].

Pero esto mismo vale para la sociedad del socialismo histórico esta-
liniano y preestaliniano. Ella usaba la
imagen del comunismo igualmente
con fines conservadores de sacralización de la sociedad allí existente.

Pero inclusive la mística de la muerte con su utopía del infierno en la tierra es utopía conservadora de estabilización de una sociedad, que percibe,
que está produciendo la destrucción
de la tierra misma.

---

36   Secularizado, secularizada: Que ha abandonado los
signos, valores o comportamientos que se consideran propios
o identificativos de una confesión religiosa.

Aunque todos estos pensamientos utópicos conservadores son explícitamente anti-utópicos y pretendientes realistas, se refieren a horizontes perfectamente imposibles. En cambio, un pensamiento político sin utopía no se vislumbra por ninguna parte. La declaración del «fin de la utopía» no es más que el encubrimiento de utopías que no se quieren confesar como tales.

Eso nos lleva a una primera conclusión: las utopías son condición humana. Muchos de los pensamientos humanos se encuentran en el horizonte utópico. Cuando intencionalmente un pensamiento pretende un «realismo sin utopía», de manera no-intencional puede reproducir sus propios horizontes utópicos.

Por tanto, la discusión sobre si hay

que tener utopía o no, no tiene objeto. Lo que hay que discutir, en cambio, es la necesidad de una relación realista con la utopía y sus horizontes. La negación de la utopía puede no ser realista.

Eso nos lleva a una segunda conclusión: Siendo la utopía condición humana, es la conceptualización de una sociedad más allá de la condición humana. La condición humana como límite de la posibilidad humana conlleva -como su otra cara- la imaginación de una sociedad más allá de la condición humana. Por esta razón, la utopía es condición humana. La negación de la utopía es una rebelión en contra de la condición humana igual como lo es la pretensión de realizarla.

El neoliberalismo utiliza mucho de manipulación de los textos bíblicos, haciendo caso omiso de la llegada de Jesús y con ello de los cambios de paradigmas en cuanto a la relación del hombre con Dios y de los hombres entre sí, y de la sociedad como comunidad; debido a que Jesús da -muy claramente-, los parámetros morales y éticos que deben ser guía para la humanidad y transforma la utopía en algo posible, viable, real, ya que no pone el límite en una sociedad perfecta, todo lo contrario. En todo momento Jesús habla de que se debe hacer lo correcto para agradar a Dios y explica cómo aquellos que se alejan de las acciones correctas recibirán el castigo que sus actos merezcan, pero, aún ellos pueden alcanzar la misericordia de Dios. La justicia final no es de los hombres sino de Dios, y en ningún momento Jesús plantea la posibilidad de que el hombre logre esa sociedad perfecta, es más, su segunda venida tiene carácter de juicio y selección de

116

los que han cumplido y los que no. El neoliberalismo es claramente anti-mesiánico.

Las utopías secularizadas no respetan este su límite de factibilidad. Por eso se transforman, una vez tomado el poder en su nombre, en utopías conservadoras. Sin embargo, estas utopías conservadoras han sido utopías críticas en el tiempo de su surgimiento. La utopía liberal surge en el siglo XVIII como crítica a la sociedad feudal existente. La utopía marxista surge en el siglo XIX en el interior de la sociedad capitalista como crítica de ella. Pero una vez con el poder para definir la sociedad y sus relaciones de producción como centro de ella, se transforman en utopías conservadoras que sacralizan por utopización la sociedad existente.

diametralmente opuestas, y –tal vez- el cristianismo sea su único freno. En realidad no creo que haya que ponerle "un freno" al liberalismo, me parece que en todo caso se lo debe dejar caer, morir y desaparecer mientras uno se ocupa de hacer algo más productivo.

120

4
SIONISMO Y JUDAISMO:
definiendo la terminología

Lo que sigue son las palabras de una conferencia brindada por el rabino Yisrael Dovid Weiss en la Asociación Unida para Estudios e Investigaciones (UASR). Estas palabras fueron pronunciadas en una mesa redonda que tuvo lugar el 14 de marzo, por invitación del jefe de redacción del MEAJ Dr. Ahmed Yousef.

Me parece que es muy importante para comprender a los liberales entender y tener en claro la diferencia entre sionistas y judíos.

Veamos:

Me corresponde hoy hablar sobre judaísmo y sionismo. Tomando en cuenta las acepciones corrientes en los medios masivos, parecería que sionismo y judaísmo son redundantes. ¿Acaso no se trata de una misma y única cosa? ¿Es que los judíos no son por definición sionistas? Esto es totalmente falso, como espero demostrarles al final de esta intervención. Pero es una impresión muy difundida, tanto entre judíos mal informados como entre los no judíos.

Corregir un dato histórico en el caso de una falsificación siempre es benéfico, pues como todos sabemos, "el sello del Creador es la verdad". En el caso del sionismo no se trata solamente de un error al nivel académico. Se trata de un error que ha causado muchas muertes y destrucciones en el pasado, y seguirá produciendo en el futuro sin remedio, (no lo quiera Dios) si se deja sin corregir.

En realidad espero y rezo porque hoy sea el primer paso de un proceso que podrá llevarnos a una solución justa para lo que es la agonía del Oriente Medio, o por lo menos, un alivio al sufrimiento del pueblo.

El triunfo de la falsedad

Empecemos por una simple pregunta. ¿Cómo es que ha triunfado la mentira que iguala al judaísmo con el sionismo? ¿Por qué algo cuya falsedad es tan fácil demostrar, ha logrado capturar las ciudadelas de la opinión pública occidental? Y al final, ¿qué podemos hacer nosotros al respecto?

La historia la escriben invariablemente los que salen victoriosos de sus convulsiones. En el caso del forcejeo sionista-palestino del siglo pasado, este factor coloca inmediatamente al

Estado israelí, a sus propagandistas y apologistas internacionales, en posición de timoneros ideológicos.

En segundo lugar, el sufrimiento del pueblo judío durante la Segunda Guerra mundial en Europa creó una simpatía extraordinaria entre los pueblos del mundo entero, y esta simpatía sincera y recomendable es lo que viene explotando la máquina de propaganda sionista desde 1945.

Por fin, los propagandistas sionistas siempre son muy dados a la censura y a los enfrentamientos tácticos. Es muy útil en este sentido leer al antiguo congresista Findley quien escribió un libro titulado Ellos se atrevieron a hablar (They Dared to Speak Out[37]). Es el recuento vergonzoso de

37   They to Dare Speak Out: People and Institutions Confront Israel's Lobby. Libro de Paul Findley, 1985.

los inmensos recursos que el lobby sionista empeñó en destruir la carrera de ciertos políticos de Estados Unidos, todos los que habían alzado la voz contra el sometimiento de esta nación a Israel.

Por supuesto, los judíos antisionistas de todas las orientaciones políticas y religiosas experimentan el látigo del movimiento sionista, desde sus inicios. En 1924, un estudioso judío holandés, el Dr. Jacob Israel de Hahn, que fue secretario del rabino Yosef Chaim Sonnenfeld (1849-1932) rabino en jefe de Palestina (benditas sean sus memorias), fue asesinado cuando estaba regresando de sus rezos del atardecer fuera del hospital Shaarui Zedek en Jerusalén. Su crimen era haber entablado discusiones con dirigentes árabes que ofrecían una alternativa a la hegemonía sionista. Sus asesinos eran miembros de Haganah, una organización sionista mal llamada "organización de defensa". De hecho, el Dr. de Hahn puede ser descrito como la primera víctima de la violencia sionista en Tierra santa.

Pero fuera de un círculo limitado de judíos antisionistas, este asesinato cobarde y a sangre fría es completamente desconocido.

Igualmente desconocido del público en general es la facilidad con la cual los sionistas se volvieron en contra de sus compañeros judíos, como en el hundimiento de los barcos cargados de refugiados judíos, con los que se contaba despertar la simpatía mundial, como el S.S. Patria en 1940 y el S.S. Struma en 1941, que le cos-

En la ONU y por toda Europa ya se han planteado estas cuestiones, y se han contestado ampliamente. Las respuestas suman una variedad de críticas al Estado de Israel. Algunos se centran en la crítica de las prácticas israelíes. Otros apuntan a la filosofía subyacente a todo esto.

Neturei Karta internacional siempre ha estado el frente de aquellas voces que se han levantado en oposición al sionismo.

Nuestra oposición nos ha llevado por el mundo, desde Yemen e Irán hasta África del sur y Ginebra, y a atender el año pasado la conferencia de la ONU sobre el racismo (y espero que tengamos copia de las conferencias allí pronunciadas por nosotros). Los que nos apoyan resistieron la censura y el terror sionista en las calles de Jerusalén, Manhattan, Londres, Manchester, Montreal y dondequiera que existan comunidades judías ortodoxas.

Pero estamos yendo más adelante. Para entender las fuentes del desgarre actual de Medio Oriente, debemos definir nuestra terminología. ¡Qué es judaísmo, y qué es sionismo?

Definiciones

El judaísmo es la fe del pueblo judío. Tiene sus raíces en la revelación en el Monte Sinaí donde Dios le dio la Torah a la humanidad. Las doctrinas y leyes reveladas allí al pueblo judío nos obligan para siempre. Los estudiosos y santos judíos llevan siglos explicando la Ley. Y estas explicaciones forman parte a su vez de nuestra tradición.

Esta definición del judaísmo fue universalmente aceptada por el pueblo judío hasta el amanecer de la etapa llamada de las Luces en Europa. En el albor del abandono masivo de Dios, muchos judíos lo mismo que muchos cristianos y musulmanes en el mundo entero, llegaron a rechazar sus creencias.

Con la idea de crear una religión fabricada por el hombre, surgieron movimientos tales como la reforma, el judaísmo conservador y reconstruccionista. Estos movimientos tenían en común el rechazar algunos, muchos o todos los puntos básicos de la fe en la Torah.

Exilio y redención

Uno de los artículos principales de la Torah es que el creador premia y castiga a la humanidad.

En varios de los libros proféticos del Antiguo Testamento, se advirtió al pueblo judío que una rebelión seria contra la voluntad de Dios acarrearía el castigo más severo. Si no recapacitaban, esto podía llevar a la ruina del Templo sagrado en Jerusalén y al exilio de la totalidad de la nación judía.

Así, amigos, en estas antiguas profecías es donde empieza la pelea entre judaísmo y sionismo.

Y llegaron a producirse todos los horrores anunciados. Fueron expulsados los judíos de Tierra santa. El primer exilio, también conocido como cautiverio de Babilonia, sólo duró 70 años. Por una serie de acontecimientos milagrosos el pueblo fue devuelto a su tierra. Esta secunda entrada dio lugar a la reconstrucción del Templo. El segundo Templo estuvo allí desde hace unos 2500 años, y hasta 1900 años atrás, cuando fue destruido. Esta vez, la causa fue nuevamente la pésima conducta del pueblo al cual le correspondía cumplir con exigencias muy altas de la Divinidad.

Pero las profecías de desgracia venían acompañadas con promesas de consuelo. El exilio no duraría siempre. Vendrían años de dispersión, muchos de ellos padecidos junto con la persecución. Pero todavía estaba la promesa de que el pueblo volvería a la tierra, aunque el retorno no estaba en poder de los seres humanos. Lo anunciaría el advenimiento de Elías el profeta acompañado por muchos milagros. Y esta vez la redención no llegaría solamente para el pueblo judío sino para el mundo entero. Se les enseñó, por medio de los profetas y sabios siguientes, que su exilio era el castigo por sus pecados. Esto significaba que el único camino razonable y permitido para poner fin al exilio eran el arrepentimiento y la oración.

Sugerir que uno pudiera usar medios políticos o militares para huir del mandamiento divino era visto como una herejía, una negación del gobierno divino sobre pecado y perdón. Y así, fueron pasando los siglos mientras el pueblo judío rezaba y esperaba los milagrosos acontecimientos de la redención.

Durante estos largos años no hubo un judío que sugiriera que el exilio pudiese concluir por intervención humana; y eso consta en un pueblo que siempre ha estado estudiando y escribiendo sobre ello.

Tierra santa siempre fue venerada, por supuesto, y pequeñas colonias, casi uniformemente dedicadas a la oración, la contemplación y el estudio se establecieron allí.

Sólo a finales del siglo XIX entre judíos muy alejados de su fe empezó a proclamarse que el exilio era el resultado de la debilidad judía. Theodore Herzl[38] y un puñado de gente, todos ignorantes y no observadores de la Torah, empezaron a implementar el proceso que en el siglo siguiente iba

---

38   Theodor Herzl, periodista y escritor austrohúngaro de origen judío, fundador del sionismo político moderno.

a producir sufrimientos jamás vistos tanto para judíos como para palestinos.

La oposición rabínica

Estos sionistas tempranos se encontraron con la oposición de la dirigencia rabínica de la región.

Dicha oposición se basaba en cuatro afirmaciones.

El concepto mismo de sionismo era una refutación de la creencia tradicional de la Torah en el exilio como castigo y redención, en dependencia de la penitencia y la intervención divina.

Los sionistas eran muy antireligiosos. Su pretensión de representar al pueblo judío vino después. ¿Cómo

judíos que habían perdido el contacto con la tradición eran capaces de ver que el sionismo era una carta segura para el desastre.

Dentro del movimiento sionista mismo, una diminuta fracción criticaba sin parar tanto al partido laborista como a la corriente revisionista principal (la de Jabotinsky). Este grupo pequeño, asociado con el movimiento Brit Shalom[39], abogaba por un Estado binacional, democrático, y quería aceptar un estatuto de minoría judía en el mismo. En palabras de uno de sus pensadores eminentes, Judah Magnesm canciller de la Universidad hebrea, "Si no podemos encontrar el camino de la paz y el entendimien-

---

39 Brit Shalom. Sionismo liberal. Funcionó entre 1925 y 1933 y fue conocido por su defensa del binacionalismo, experimentó tensiones entre sus amplios principios liberales y las estrechas demandas del proyecto sionista.

to (con la población indígena) si sólo podemos establecernos por la fuerza de las bayonetas, entonces nuestro proyecto entero es inválido, y es mejor que nos mantengamos al margen de la corriente sionista dominante.

Por supuesto, en el horizonte de la Torah la misma noción de soberanía judía de cualquier tipo sobre la Tierra santa está prohibida. Notamos que incluso los que han deseado algún grado de retorno judío veían esto, en la medida en que tenían cierta decencia básica, como algo que se debía edificar con el consentimiento de la población palestina autóctona.

La inmigración sionista se volcó durante los años 1920 y 1930. El gobierno británico deseaba hacerlo todo por todos a la vez, pero fracasaron sus esfuerzos. Al mismo tiempo la conquista sionista mediante la inmigración se volvió una conquista armada con actos de terrorismo contra los palestinos, los ingleses, y otros judíos, y esto a diario.

Pero a pesar de las maquinaciones sionistas, si no fuera por el destino trágico de los judíos durante la Segunda guerra mundial el Estado de Israel posiblemente no habría llegado a existir nunca. Como lo hemos planteado antes, después del Holocausto, el mundo volcó su compasión hacia los judíos en forma de respaldo a los sionistas.

No se pensó en el profundo y justo deseo de los palestinos de ser un pueblo soberano en su propia tierra o en los judíos antisionistas que vivían allí.

Es como si un hombre expulsado de

su hogar por una pandilla de malhechores se viniera a la casa de otra persona y decidiese expulsar de allí a los habitantes para apoderarse del lugar. Seguramente el sufrimiento que el hombre ha padecido en manos de los forajidos no basta como razón para expulsar a otra familia de sus antiquísimos lugares de residencia a lo largo de los siglos.

No dudo que si a un pueblo palestino soberano en su propia tierra se le hubiese pedido después del Holocausto, junto con otras naciones del mundo, que acogiesen a refugiados judíos, habría aceptado fácilmente. Pero no se podía esperar de ellos que abandonasen sus casas y propiedades y su misma identidad para abrirle un espacio a cientos de miles de refugiados judíos cuyo objetivo era expropiarlos y ejercer su mando sobre ellos.

A lo largo del siglo XX un amplio sector de los judíos ortodoxos ha permanecido inmune a la tentación sionista. Desgraciadamente, durante el mismo período, algunos judíos ortodoxos sí adoptaron el sionismo, mientras otros intentaban coexistir con él.

Los que mantuvieron nuestra fe tal como nos fue impartida a lo largo de los siglos han combatido el sionismo en Tierra santa y en el mundo entero. Estos judíos, que tienen muchos descendientes viviendo en Jerusalén hasta el día de hoy, se negaron a reconocer el Estado judío. No votan en sus elecciones ni sirven en su ejército, No aceptan ninguna ayuda financiera del gobierno para sus escuelas, con lo cual hunden sus escuelas en una crisis financiera sin fin.

Desde su punto de vista el Estado de Israel existe en violación de los principios fundamentales de la Torah. En su política a diario viola la práctica de la Torah. Pretende representar al pueblo judío, pero es vil y corrupto. Al aceptar no creyentes como dirigentes judíos estos personajes profanan el nombre santo de Dios públicamente, pecado muy grave a los ojos de la Torah.

Los judíos píos, entre los cuales Neturei Karta no es más que un grupo entre otros son veteranos en la lucha antisionista. Nosotros sabemos mejor que nadie lo difícil que es romper con el bloqueo mediático, especialmente en los Estados Unidos.

Pero debemos franquear este bloqueo para llegar a una paz verdadera en Medio Oriente. Nuestros sabios talmúdicos nos han informado que cualquier tentativa prematura para poner fin al exilio terminará en ríos de sangre.

Estamos presenciando el baño de sangre. Israel ha causado más desangramientos que nadie hubiese podido imaginar. Décadas antes del Estado, el deseo sionista de gobernar llevó a asaltos, asesinatos, muertes y dolores sin fin.

En estos días aumenta la tasa de muertos. Tanto los partidarios de la línea dura como los otros han perdido sus esperanzas. Los dos bandos han acompañado al gobierno israelí, y han fracasado.

Amigos, no habrá paz en el Medio Oriente mientras haya un Estado de

Israel.

No se puede violar la Torah. Nuestra tarea en el exilio no la cumpliremos mientras estemos buscando poner fin a nuestro exilio mediante humanas agitaciones. Y nuestras esperanzas de redención no se cumplirán en el Estado israelí.

Por supuesto, una parte inmediata de la solución está en ver las implantaciones en Gaza y en Cisjordania desmanteladas. Los colonos que viven allí deben irse tan pronto como sea humanamente posible.

La verdadera solución fiel a la Torah, la clave de la paz, es la inmediata devolución de Palestina a los palestinos, en su totalidad, incluyendo el Monte del Templo y Jerusalén. Lo cual incluiría por supuesto el derecho pleno al retorno para todos los refu-

que por ahora muchos judíos que viven en Tierra santa son víctimas de la propaganda sionista, ¿cuál es el camino a seguir?

Por nuestra parte la obligación permanece la misma. Educar a la comunidad judía acerca de los errores doctrinales y los males que acarrea el sionismo en la práctica. Unirnos a nuestros primos palestinos en la protesta contra los estragos del sionismo. Procurar la paz con todos los hombres y todas las naciones. Practicar nuestra fe. Adorar al Creador con humildad, modestia y piedad.

Pero avancemos un paso más y examinemos el impacto que puede tener el antisionismo judío sobre el mundo musulmán. Primero es importante, tanto en la práctica como en lo moral, que los palestinos y la ideología islámica en general no confundan sionismo y judaísmo, lo cual los hace vulnerables ante las acusaciones de antisemitismo.

Además, podría resultar beneficioso para la causa palestina que hicieran públicas sus buenas relaciones con los judíos antisionistas, rompiendo con ello el estereotipo que difunden los medios dominados por los sionistas, que los hace aparecer como fanáticos desbordantes de odio sin motivo.

Esta coalición de judíos antisionistas y palestinos que ven la inhumanidad del sionismo bien puede convertirse en una fuerza moral para el bien en el mundo.

En cualquier caso, terminemos esta jornada con nuestras agendas morales bien acompasadas. Entendamos ya que la judería fiel a la Torah no es de ninguna manera enemiga del pueblo palestino en particular o del mundo islámico en general.

Se ha hecho tarde. Las muertes de civiles aumentan a diario. Hay inocentes sufriendo en ambos bandos.

Quiera la Divina Voluntad que el Estado de Israel sea desmantelado rápida y pacíficamente, que judíos y palestinos vivan en paz de una vez unos con otros en el mundo entero así como en Tierra santa, y que en breve, en estos tiempos nuestros, la humanidad entera se haga merecedora del advenimiento de la divina redención, marco en el cual el reino de Dios será aceptado.

Para mayor información: Neturei Karta International, Judíos unidos contra el sionismo, P.O.B. 1316, Monsey, New York 10952

Me parece importante recalcar que no se debe usar el término "judío" livianamente y poner a todos los grupos juntos sin discriminar. Es fundamental tener conciencia de que los liberales -aunque en origen pertenecen al pueblo hebreo-, no son judíos propiamente hablando, ya que no profesan la religión judía, y de esa manera, sin religión no hay judíos. Los judíos son el pueblo elegido, son el pueblo elegido para una tarea trascendental y elegidos por Dios, ese es su motivo de ser. Israelita hoy ya no es sinónimo de judío, o al menos no debe ser. Los sionistas no son judíos, aunque traten de que se los llame así e intenten reemplazar al verdadero judaísmo.

5

LIBERALISMO Y RACISMO

Transcribo el siguiente artículo acerca la relación entre liberalismo y racismo, otra de las características propias de los liberales.

Collier, Jane, "Liberalismo y racismo: dos caras de una misma moneda", en Dimensión Antropológica, vol. 15, enero-abril, 1999, pp 11-26.

Pareciera indiscutible que el racismo y la teoría política liberal son incompatibles. El racismo descansa en la premisa de que los integrantes de unas "razas" son intrínsecamente superiores a los miembros de otras, mientras que la teoría política liberal parte de que "todos los hombres nacen iguales" y deben, por ende, disfrutar de "igualdad ante la ley". Sin embargo, como ya han señalado otros autores, el racismo y la teoría política liberal son, de hecho, dos caras de una misma moneda. La teoría política liberal, tal y como se ha desarrollado en Europa occidental y en los estados americanos desde el siglo XVIII hasta nuestros días, trae aparejada formas de racismo moderno repudiadas por los defensores de la democracia liberal.

¿Cómo sucede entonces que la teoría política liberal, cimentada en el principio de la igualdad ante la ley, fomenta esa manera de trato desigual entre los individuos que llamamos racismo? Si bien, los procesos a través de los cuales la igualdad promueve la desigualdad son complejos e interrelacionados, distinguiré dos conjuntos para los fines de esta introducción: el primero es inherente a la lógica cultural propia de la teoría política liberal, al encadenar las premisas que afirman que, si todos los hombres nacen iguales deben entonces ser iguales ante la ley; el segundo deriva de la puesta en práctica de la teoría política liberal en los Estados nación.

Para comprender la manera en que la lógica cultural de la teoría política liberal fomenta el racismo, es conveniente recordar el contexto político en el que los filósofos Hobbes, Locke y Rousseau en los siglos XVII y XVIII, desarrollaron sus ideas sobre el contrato social (Macpherson, 1962). Ellos debatían en contra de aquellos apologistas del régimen monárquico

contrato social, disputaban la idea de una desigualdad social ordenada por Dios e impuesta por la ley; es entendible que tomaran el extremo contrario y declararan que Dios había creado a todos los hombres iguales. Hobbes, por ejemplo, argumentaba que, si partimos del supuesto de que la naturaleza refleja la voluntad divina, veríamos que "había hecho a los hombres tan iguales" que ninguno gozaba de la fuerza de cuerpo o alma para reclamar "para sí cualquier beneficio al cual no pudiera aspirar otro tanto como él" (1991: 86-87). De forma parecida Rousseau decía que "el hombre ha nacido libre" y que "dicha libertad es consecuencia de la naturaleza del hombre" (1968; 49-50). Pero lo más importante, según los teóricos liberales, era que Dios había obsequiado a todos los hombres con el uso de la razón, misma que distingue a los hombres de las bestias, ningún hombre (léase, ningún rey) podría contar con un acceso privilegiado a los designios divinos que pudiera justificar su derecho a dictar leyes encaminadas a gobernar a otros. Como iguales, tanto en fuerza como en razón, los hombres están exentos de la obligación de someterse a leyes promulgadas por una persona que se proclama rey. Por el contrario, los hombres iguales deben unirse en un contrato social para determinar entre sí las leyes que deben gobernarlos.

Se deduce que los filósofos liberales que desarrollaron la teoría del contrato social nunca creyeron que todos los hombres hubieran nacido iguales[40]. Los "hombres iguales" en los que pensaban eran varones cabeza de familia que poseían suficiente propiedad como para no tener que trabajar para otros como sirvientes o asalariados[41].

Durante los últimos tres siglos, la categoría de "hombres iguales" se ha ido ampliando, gracias a las luchas sociales por la democracia en diversas partes del mundo. Gradualmente la categoría se expandió hasta incluir a los varones sin propiedad, a

---

40   Pateman, The Sexual Contract, 1988, por ejemplo, nos muestra cómo las mujeres fueron excluidas del contrato social desde el momento mismo en el que fue imaginado.

41   Gordon y Frazer, "Dependency Demystified: Inscriptions of Power in a Keyword of the Welfare State", en Social Politics 1, 1994, presentan un fascinante análisis acerca de cómo con el tiempo se ha estrechado el concepto de dependencia, con el cual se ha negado a aquellos definidos como "dependientes" el derecho a participar como iguales en la sociedad política.

los de minorías étnicas o raciales, y finalmente a las mujeres (Marshall, 1964). Pero la lógica cultural excluyente, que ha permanecido constante, se entiende más o menos de la siguiente manera: si Dios/naturaleza creó iguales a todos los hombres, entonces aquellos que manifiestamente no son iguales seguramente no son hombres. En particular, estos "no hombres" deben carecer de la capacidad de raciocinio que sustenta el dominio de sí. En los siglos XVII y XVIII, los sirvientes y los asalariados eran excluidos de participar en el contrato social porque, aun cuando contaran con el uso de la razón no estaban en condiciones de ejercerla; debían obedecer las órdenes de sus amos y patrones. En el siglo XIX, después de que la clase trabajadora ganó su lucha para obtener el derecho al voto, las ideas relacionadas a la inferioridad natural -siempre implícitas en las justificaciones sobre la exclusión- se volvieron dominantes (Hall, 1994; Roediger, 1991). Las mujeres y los miembros de minorías raciales que, a pesar de sus esfuerzos, seguían siendo excluidos, lo eran en función de ser vistos como seres carentes de razón y no porque les estuviera vedado ejercerla. Sus cerebros eran deficientes. Es este énfasis decimonónico en la inferioridad biológica lo que la mayoría de nosotros imagina cuando escuchamos hablar de racismo (o sexismo) hoy día.

Los filósofos que desarrollaron la teoría del contrato social no sólo apuntaban que, si todos los hombres fueron creados iguales, entonces debían elaborar sus propias leyes, sino también que las leyes que elaboraran debían aplicarse por igual a todos ellos. Los filósofos, por supuesto, argumentaban en contra de que ciertos grupos sociales, tal como los príncipes y la nobleza, pudieran disfrutar de privilegios legales y especiales. Pero la idea de que las leyes deben ser aplicadas a todos por igual también fomenta prejuicios racistas (y sexistas) acerca de desigualdades "naturales". Una vez más, la lógica cultural se entiende más o menos como sigue: si la ley brinda un trato igual a todos, entonces las desigualdades observables no pueden derivar de la ley. Por el contrario deben reflejar desigualdades que preexisten al Derecho, tal como diferencias físicas y mentales predeterminadas por Dios o por la naturaleza, o bien diferencias que derivan del libre albedrío de los individuos. Si por ejemplo, los miembros de minorías étnicas o raciales carecían del mismo éxito económico que habían alcanzado la clase dominante a pesar de gozar de igualdad ante la ley, entonces el fracaso debía derivar del hecho de que dicha minoría carece de la capacidad o voluntad para triunfar.

La noción acerca de la "igualdad ante la ley" es particularmente perniciosa porque no sólo evoca mundos imaginados de desigualdades naturales o divinas que preexisten al derecho y que la ley no puede o no debe menguar, sino también porque de hecho la "igualdad ante la ley" crea y perpetúa la discriminación.

Un tema central que permea los

ensayos de este volumen es precisamente que la igualdad legal no elimina el trato discriminatorio de los sujetos indígenas. Por el contrario, la igualdad ante la ley promueve y legitima la discriminación. La igualdad legal genera discriminación al dar un trato de iguales a personas desigualmente ubicadas. Al hacer caso omiso de las desigualdades existentes, el sistema legal no sólo deja de actuar para disminuirlas sino que de hecho las exacerba otorgando ventajas a los más privilegiados. Así por ejemplo, desde hace tiempo los científicos sociales saben que la protección del derecho a la propiedad beneficia a aquellos que poseen bienes productivos a expensas de aquellos que sólo poseen bienes de consumo (Marx, 1984; Pashukanis, 1989; Weber, 1967). De la misma manera, un sistema legal que trata a todos como iguales al llevar las actuaciones procesales en la lengua del grupo dominante, discrimina en contra de aquellos para quienes la lengua del tribunal es secundaria o simplemente ajena.

La jurista Martha Minow ha llamado la atención a lo que ella llama "el dilema de la diferencia", que deriva de la igualdad ante la ley. Da como ejemplo el caso de una familia de chinos en San Francisco, California, que se quejaba de que sus hijos, hablantes de chino, tenían un rezago escolar por ser obligados a estudiar las clases en inglés. Este caso obligó a los tribunales a considerar si efectivamente tratar de la misma manera a quienes son diferentes -los estudiantes que hablan inglés y los

estudiantes que hablan chino- afecta el principio de igualdad (1990;
19). En 1974 el caso fue llevado a
la Suprema Corte de Justicia de Estados Unidos; el veredicto fue que
las clases impartidas exclusivamente en inglés afectaban el derecho de
los hablantes de chino a obtener las
mismas oportunidades de aprendiza-
je. La corte ordenó al distrito escolar a proporcionar clases especiales a
los estudiantes chinos; sin embargo,
este sistema para estudiantes minoritarios ha creado un nuevo conjunto
de problemas. Muchos de los menores que no hablan inglés son relegados a tomar clases bilingües que los
padres de familia consideran inferiores. Entonces, ni por la vía de ignorar
las diferencias lingüísticas y enseñar
a todos los estudiantes en inglés ni

abocándose al problema e impartiendo clases especiales para estudiantes que no hablan inglés, se puede disminuir la discriminación experimentada por los estudiantes minoritarios. Este es el "dilema de la diferencia" que señala Minow. Es un dilema porque "el estigma de la diferencia es reproducido tanto al ignorarlo como al subrayarlo" (ibidem: 20).

Aunque uno pudiera imaginar que los estudiantes que sólo hablaban inglés y los que sólo hablaban chino pudieran sufrir la misma desventaja dependiendo del lenguaje usado en la clase, en realidad, únicamente los hablantes de chino experimentaban la discriminación asociada con ser "diferente" en San Francisco. Pocas veces la diferencia se distribuye de manera equitativa. Por lo común un grupo es considerado diferente en relación con una norma que generalmente no se explicita.

Esto último me lleva al segundo conjunto de procesos por medio de los cuales la igualdad ante la ley promueve el trato desigual para individuos y grupos: el hecho de que la teoría política liberal se aplique dentro de los Estados nación. Los gobiernos de los Estados democráticos liberales pueden argumentar que otorgan a todos la misma protección legal, pero las presunciones silenciadas sobre el "ciudadano normal" condenan a quienes no cumplen con ellos a convivir la discriminación que deriva de ser diferente. En cada Estado nación moderno, el "ciudadano normal" es imaginado como varón, adulto, física y mentalmente competente y de solvencia económica. Eso condena a las mujeres, los niños, los discapacitados, y los pobres a sufrir el estigma de la diferencia. Además, cada Estado nación moderno imagina que el "ciudadano normal" pertenece a una determinada "raza", etnia, grupo lingüístico y religioso, preferencia sexual, etcétera, incluso cuando algunos de estos criterios sean fervientemente negados por los apologistas del actual régimen político[42].

42   En Estados Unidos, los investigadores que participan en el desarrollo de la teoría racial crítica han explorado activamente las bases legales del privilegio blanco (Crenshaw, "A Black Feminist Critique of Antidiscrimination Law and Politics" en The Politics of Law: A Progressive Critique, 1990; Harris, "Foreward: The Jurisprudence of Reconstruction", en California Law Review, 82, 1994). Los estudiosos de la teoría racial crítica se basaron en la perspectiva del movimiento llamado estudios legales críticos, desarrollado en los años sesenta y setenta. Otras líneas derivadas de ese movimiento incluyen el FemCrits [feminismo crítico n. del t.] que analizan las bases legales del privilegio masculino, y más recientemente el LatCrits [latinos críticos n. del t.] que exploran las

Varios autores han explorado la contradicción inherente a la teoría política liberal entre el derecho universal
a la igualdad y el particularismo nacional. Kristeva, por ejemplo, señala
que las ideas de la universalidad de
los "derechos del hombre" y las prácticas excluyentes del Estado estaban
ya indisolublemente ligadas en uno
de los documentos impulsores de la
teoría política liberal: la Declaración
de los derechos del hombre y el ciudadano adoptada por la Asamblea
Nacional Francesa en 1789.

Basada en una naturaleza humana
universal que la Ilustración concibió y
respetó, la Declaración abarca desde

---

bases legales de la discriminación contra los y las latinas en
Estados Unidos (Valdés, "Under Costruction, Lat Crit Con-
sciousness, Community, and Theory", en California Law
Review, 85, 1998).

la noción universal de hombre hasta las asociaciones políticas que deben preservar sus derechos, y encuentra como una realidad histórica la asociación política esencial que resulta ser la Nación (1991; 148 énfasis de Kristeva).

Las naciones, por supuesto, sólo protegen los derechos de algunos hombres (sus propios ciudadanos o nacionales), por lo cual descalifican al resto de la humanidad como "extranjeros" y quedan fuera de la protección de las leyes del Estado; en el mejor de los casos, reciben protección pero con ciertas condiciones.

Muchos autores que exploran la contradicción entre los derechos universales y el particularismo nacional se han concentrado en los problemas de los inmigrantes que llegan a aquellas naciones europeas que presumen estar fundadas en principios universales de inclusión y no en la exclusividad étnica.

Por supuesto, Francia es la nación europea más asociada con los ideales universalistas de la teoría política liberal; sin embargo, Silverman demuestra lo difícil que es seguir distinguiendo entre naciones como Francia, concebidas como "una asociación voluntaria o contractual entre individuos libres" y naciones como Alemania, imaginadas como "comunidades predeterminadas formadas por lazos de sangre y herencia" (1992; 19-20). El Estado francés, a diferencia del alemán, pudo haber dado la bienvenida a cualquier sujeto libre que voluntariamente afirmara comprometerse con los ideales liberales;

pero esa promesa encerraba una noción de cultura que fácilmente podía deslizarse hacia principios étnicos esencialistas. Por "el enlace forjado entre una cultura uniforme por una parte, y la membrecía a una comunidad político-nacional por la otra, la nacionalidad y la ciudadanía [francesas] podían pasar fácilmente de ser un don abierto a todos los asentados en Francia a una posesión de los pocos elegidos" (ibidem: 32).

Silverman añade que el requisito de "asimilación" cultural impuesto a los inmigrantes que aspiraban a la ciudadanía francesa era profundamente ambivalente. La asimilación implica la existencia tanto de una diferencia inicial que debe ser suprimida ("debes ser como nosotros") como de una diferencia inicial que no puede ser suprimida ("nunca serás como nosotros"). El cuerpo extraño nunca puede ser completamente asimilado: siempre habrá un residuo de esa otredad -la otra historia- que en un principio necesitaba ser asimilada (ibidem: 32-33). La asimilación contiene entonces una "doble atadura en su núcleo mismo, pues la comunidad a la que el extranjero debe integrarse está, en todo momento, igualmente dispuesta a rechazar esta figura a partir de su diferencia étnica, nacional o cultural" (ibidem: 23).

La promesa de inclusión universal no sólo es una mentira, sino que convoca al racismo que el universalismo pretende rechazar.

Al hacer que la membrecía a la comunidad política y nacional dependiera del acoplamiento cultural, el

Estado nación creó simultáneamente un racismo nacional junto al republicanismo "liberal" (ibidem: 23 énfasis de Siverman).

Silverman entonces se suma a otros autores contemporáneos que sustentan que el universalismo promueve el racismo. Balibar comenta que "no existe una clara demarcación entre universalismo y racismo […] son opuestos determinados, lo que precisamente significa que cada uno afecta al otro 'desde adentro'" (1989; 13-14). En un artículo de Fitzpatrick subtitulado "El nacionalismo como racismo", es muy explícito acerca de la forma en que los ideales universalistas construyen y excluyen a otros en términos racistas. Retomando a Zizek (1991), Fitzpatrick deduce que, en tanto que el universalismo pretende incluir a todos, sólo puede excluirse a alguien negándole humanidad: "los atributos de la civilización europea, lo universal y lo legal, el orden, lo dinámico y progresivo, son puestos todos en contraposición a las características proyectadas desde Europa hacia su doble: lo particular, la ausencia de legalidad, lo caótico, estático y retrógrado" (1995; 18). En resumen, el racismo "no es un mal externo que periódicamente invade el cuerpo político; es una parte integral a la conformación misma de los Estados nación modernos" (Silverman, 1992: 26).

Los estudiosos que reconocen lo insalvable del racismo en los Estados nación modernos han propuesto alternativas de convivencia social,[43]

---

43   Silverman, por ejemplo, defiende "la disociación

pero los gobiernos nacionales que sustentan su legitimidad en proveer "igualdad ante la ley" tienden todavía a fracasar ante lo que Minow llama "el dilema de la diferencia". Las autoridades europeas que reniegan del racismo, con frecuencia debaten las ventajas relativas de las vías francesa o británica para asegurar que los inmigrantes de las antiguas colonias disfruten de la igualdad prometida por la ley. Costa-Lascoux, por ejemplo, contrasta "dos sistemas institu-

---

de los derechos de las conformaciones nacional y cultural" (Deconstructing the Nation: Immigration Racism and Citizenship in Modern France, 1992:169), y sugiere el uso de criterios distintos a la ciudadanía, tales como la residencia en una localidad, como una forma más justa para determinar quién tiene el derecho a participar en la vida política de la comunidad. Por su parte, Minow busca evitar el dilema de la diferencia sugiriendo que la ley debe desplazar "su atención de la persona diferente hacia la construcción social y legal de la diferencia" (Making All the Difference: Inclusion, Exclusion, and American Law. Ethaca,1990: 23).

cionales: uno basado en un trato igual y una legislación antidiscriminatoria que no reconozca institucionalmente a las minorías; [y] una política de representación y emancipación de las minorías que combine la discriminación positiva con una lucha contra el racismo" (1990; 26-27). Claramente Costa-Lascoux se opone al segundo, el "modelo multicultural", practicado en Gran Bretaña (y en Estados Unidos) en el cual las minorías son reconocidas explícitamente con el fin de promover su igualdad ante la ley. Sin embargo, le preocupa el riesgo de que, en el contexto institucional, una referencia específica al origen o la membrecía grupal, pueda estigmatizar aún más a las minorías, incluso cuando esté inspirada en una preocupación loable de borrar las desigualdades de facto (idem).

Aunque Costa-Lascoux opta claramente por el primero, un modelo francés que ignora las diferencias y que ha fracasado al menos en el ámbito institucional, Silverman señala que existen serios problemas derivados de no reconocer las diferencias y desigualdades construidas socialmente cuando han sido una parte integral del desarrollo del Estado nación y son actualmente un hecho cotidiano de la vida social racializada (ibidem: 165).

Sobra decir que los modelos británico y estadounidense basados en reconocer las diferencias no han funcionado mejor, pero me concentraré en el modelo francés porque éste ha sido el preferido de los gobiernos latinoamericanos. Los artículos de este volumen se abocan ante todo a explorar las desigualdades estructurales producto del empeño legal en ignorar las diferencias culturales más que las derivadas de las acciones legales encaminadas a reconocer derechos especiales a las minorías étnicas.

Al explorar las formas modernas de discriminación contra los pueblos indígenas, varios de los autores aquí presentados distinguen entre lo que pudiéramos llamar dos formas de racismo: la segregacionista y la asimilacionista. La primera estaría basada en mantener una distinción entre "razas" por medio de la segregación, y la segunda en tratar de eliminar las diferencias a través de la asimilación. Ahora bien, la forma segregacionista cuenta con al menos tres variedades.

La primera está basada en desigualdades lícitas definidas y sustentadas. Este tipo por lo general se asocia con los regímenes coloniales que distinguían legalmente a los colonizados de los colonizadores, pero también incluye a los primeros regímenes democráticos que sólo reconocían a algunas personas como "hombres iguales". Como ya indiqué, las repúblicas del siglo XIX con frecuencia imponían la propiedad y el alfabetismo como requisitos para distinguir a los "hombres de razón" que podían participar en el trabajo de la legislación nacional, de aquellos a quienes se les negaba el derecho a votar, ya sea porque no estaban en posición de hacer uso de su razón o porque llanamente carecían de ella. El segundo tipo de segregación también es respaldado por la ley, pero quienes están en el poder justifican su legislación segregacionista en tanto que otorga "igualdad de derechos" a los miembros de ambas "razas". Esta justificación tipo "separados pero iguales" es, por supuesto, la aplicada por los blancos en el sur de Estados Unidos después de la abolición de la esclavitud, y que en nuestros días se ha desacreditado mucho. La tercera forma de segregación no es ordenada por la ley, pero los miembros de la raza privilegiada justifican explicando su origen natural. Los miembros de la otra raza dicen que prefieren vivir en sus propias comunidades, entre los suyos. Con frecuencia, estos tres tipos y alegatos en favor de la segregación se entremezclan, en la medida en que los miembros de la raza privilegiada buscan argumentos que den soporte a su posición.

La forma asimilacionista de racismo también cuenta con dos variedades que reflejan el dilema de la diferencia señalado por Minow y que corresponden a los modelos británico y francés de manejar las diferencias, mencionados anteriormente. La primera variedad, que corresponde a los modelos británicos y estadounidense, se sustenta en la distinción conceptual entre las esferas pública y privada. Se exige que las minorías adopten las normas que gobiernan la vida pública, pero se les permite expresar sus diferencias en privado. Esta forma de asimilación mantiene las diferencias y puede, por ello, favorecer el surgimiento de violencia racista de parte de quienes se sienten contrariados por tener que vivir cerca de gente cuya apariencia y comportamiento es diferente. Este primer tipo de asimilación es difícil de distinguir de la tercera forma de segregación mencionada en el párrafo anterior, en la que las élites privilegiadas sostienen que los miembros de "otras" razas simplemente prefieren vivir aislados en su propia comunidad.

La segunda variedad de asimilación -el modelo francés- busca eliminar las diferencias tanto públicas como privadas. Las élites que defienden este tipo de asimilación con frecuencia caracterizan su política como una encaminada a civilizar a la gente tradicional o "atrasada". Estas élites arguyen que su política no es racista en la medida en que no pretende discriminar a los "atrasados" sino "favorecerlos".

Además, las políticas asimilacionistas no pueden ser discriminatorias porque están diseñadas para terminar con la discriminación integrando a las minorías a la sociedad nacional.[44] Algunos paladines de este segundo tipo de asimilación han intentado distinguir entre racismo, definido como un prejuicio contra quienes son diferentes (como ocurría en el hostigamiento que ejercieron los británicos contra los Sikhs que usaban turbante) de antitradicionalismo, definido como un esfuerzo por promover la modernidad (como ocurría en los esfuerzos del gobierno francés por prevenir que las niñas musulmanas usaran el tradicional velo en las escuelas).

---

44   Consúltese el trabajo de Alicia Castellanos referente a la manera en que las élites mexicanas han usado este argumento.

En este volumen, Gonzalo Portocarrero plantea el problema psicológico que enfrentan las élites que no quieren o no pueden congraciarse con el avance de los miembros de razas "atrasadas". Y analiza el caso peruano, explora el dilema de los autoproclamados defensores de la democracia liberal, que creen en la igualdad de los ciudadanos pero reconocen, e incluso justifican, un uso reiterado de discursos racistas. Portocarrero identifica tres posiciones que los demócratas racistas pueden adoptar frente a su conflicto interno:

1) pueden tomar una actitud cínica, reconociendo y aceptando sus actitudes racistas. Portocarrero asocia esta posición con el neocolonialismo de los siglos XIX y XX.

2) pueden tomar una actitud mora-
lista, y deplorar su racismo. Ésta la
asocia con la modernidad, ejemplificada con la generación de peruanos
clase media y alta que llegaron a la
mayoría de edad durante las revueltas de los años sesenta. O bien,

3) pueden tomar una actitud iróni-
ca frente a su dilema. Ésta es una
actitud relacionada con la posmoder-
nidad, ejemplificada con los miembros de la generación más joven, que
tratan de aliviar su conflicto interior
con humor.

Portocarrero se enfoca en el uso
posmoderno del humor y analiza unos
textos cómicos que no sólo permiten
que los peruanos jóvenes se rían de
sí mismos como herederos de un pasado colonial racista, sino que -y más
importante- dichos textos tienden a

impedir que los peruanos actuales reconozcan el racismo inherente a la misma democracia moderna. Al facilitar que los peruanos atribuyan el racismo al pasado colonial, estos textos comics permiten que los autoproclamados demócratas ya no reconozcan la manera como la modernidad, al defender el trato igual ante la ley, discrimina aquellos cuya situación real los hace desiguales.

En un escrito fascinante sobre la historia chiapaneca, Olivia Gall distingue dos tipos de racismo: el primero asociado con la mentalidad colonial que promueve la estricta separación de razas inherentemente desiguales, y otro asociado con el liberalismo moderno que promueve la asimilación cultural de grupos "atrasados" o "bárbaros". Ambos, señala la autora, han coexistido en Chiapas (México) desde que los liberales de las zonas bajas comenzaron a dominar políticamente a los conservadores de los Altos a mediados del siglo XIX. Aun cuando los racismos segregacionistas y asimilacionista parezcan incompatibles y por lo tanto confrontados, Gall sostiene que no sólo han coexistido sino que se han apuntalado mutuamente a lo largo de la historia de Chiapas. No fue sino hasta la rebelión zapatista de 1994 -cuando la lucha armada obligó a las élites chiapanecas a confrontar su trato discriminatorio hacia los indios-, que los intelectuales locales, en una búsqueda de excusas para justificar sus prácticas racistas, debieron confrontar la incompatibilidad de estas dos "justificaciones" para la discriminación.

Por su parte, María Teresa Sierra proporciona evidencia muy convincente acerca de las formas en que un racismo presuntamente "colonial" de segregación y discriminación puede coexistir con y ser apuntalado por un racismo "moderno" de asimilación y trato igualitario. Describe el sistema de juzgados en Huachinango, Puebla y analiza el racismo que permea los discursos del personal administrativo y los expedientes judiciales y se constata en las entrevistas realizadas a los internos de origen indígena.

Al discurrir sobre el personal de los juzgados, Sierra examina con revelador detalle, cómo los jueces y fiscales -que dicen defender un trato igualitario frente a la ley- llegan a desarrollar el tipo de actitud racista y paternalista hacia los indios asociada con las versiones de segregacionismo colonial. En tanto que los funcionarios de la ley pretenden tratar a los indígenas como si fueran miembros de la cultura nacional y éstos no reaccionan como deberían hacer los miembros de la cultura nacional (es decir, los indígenas no entienden lo que se les dice, dan respuestas equivocadas, etcétera), aquéllos invariablemente concluyen que los indios son "estúpidos", "atrasados" o insuperablemente "mentirosos". La misma experiencia de pretender tratar a los desiguales como si fueran iguales, convence a los funcionarios judiciales que los indios son intrínsecamente inferiores y deben ser tratados como niños que requieren ayuda para lograr entender sus garantías legales.

Al investigar los expedientes judiciales y considerar lo comunicado verbalmente por los presos indígenas, Sierra demuestra cómo las voces indias son sistemáticamente silenciadas utilizando procedimientos legales que presumen de brindar el mismo trato a todos. Demuestra, por ejemplo, cómo las palabras de los indígenas son gradualmente borradas del registro oficial y reemplazadas con lenguaje legal que no sólo adultera los intereses de los litigantes indígenas, sino que también es ininteligible para quien carece de un entrenamiento formal en el derecho. Sierra revela tanto la discriminación que experimentan los indígenas frente a los funcionarios de la justicia de Huachinango, como la claridad de los indígenas para entender por qué y cómo son sometidos a dichos tratos discriminatorios.

Mientras María Teresa Sierra muestra cómo los documentos escritos en el derecho civil mexicano gradualmente borran las voces de los acusados indígenas, Lourdes de León explica cómo la práctica verbal en un juicio público en el sistema legal estadunidense (common law system), también silencia y distorsiona las palabras de los indígenas. Ella analiza las transcripciones de un juicio que tuvo lugar en el estado de Oregón, donde un joven mixteco fue sentenciado a cadena perpetua por asesinato, señala que las expresiones racistas más obvias de los oficiales fue el hecho de referirse a la corta estatura de los mixtecos, su piel oscura y su preferencia por carros grandes. Sin embargo, su análisis enfoca a las prácticas discursivas más sutiles que imposibilitan a los mixtecos a decir "la verdad", como las presunciones no dichas de que los mixtecos hablan español y son alfabetas. Incluso el único testigo mixteco que cuestiona estos falsos presupuestos señala su incapacidad para leer textos y diagramas donde se vean incorporadas sus palabras en la versión de culpabilidad elaborada por el Juzgado.

Héctor Ortiz Elizondo –en Antropología jurídica, racismo y ética (México)- también realiza un estudio de la "igualdad ante la ley" que puede perpetuar y exacerbar el trato desigual que sufren quienes no comparten la "cultura nacional" defendida en los tribunales. El autor resume el caso de un indígena triqui del estado de Oaxaca, que fue detenido y encarcelado en Oregón, Estados Unidos, y después enviado a un hospital mental donde se le sometió a un tratamiento pernicioso. Ortiz revela las distintas capas de malentendidos y negligencias que derivaron en el diagnóstico de enfermedad mental, primero por los representantes de la ley y después por los profesionales de la medicina. Basado en su destreza para desentrañar los malentendidos, el autor muestra su conocimiento antropológico en los procesos judiciales para ayudar a prevenir o disminuir la discriminación sufrida por las minorías culturales.

En conjunto, los trabajos de Sierra, De León y Ortiz proporcionan un valioso análisis sobre el funcionamiento del racismo moderno. Los tres autores demuestran, de manera convincente, los esfuerzos encaminados a ofrecer ante la ley un mismo trato a todo, además conducen a resultados discriminatorios cuando se enfrentan a ella y están situados de diferente manera. Al ignorar las diferencias que presuntamente quedan fuera y por encima de la ley, los modernos sistemas legales igualitarios refuerzan y perpetúan los sistemas de discriminación existentes.

En síntesis, las distintas investigaciones reunidas en este volumen ofrecen a sus lectores un sólido argumento para entender el funcionamiento del liberalismo y el racismo como dos caras de la misma moneda. Los primeros artículos presentan las élites liberales que justifican a sí mismos sus ideas y prácticas racistas; al mismo tiempo cómo los miembros de la cultura mayoritaria intentan brindar un trato igual a todos por medio de estereotipos racistas cuando las minorías que tratan de respetar no se comportan como si fueran "iguales". Los últimos artículos complementan a los primeros ya que aquellos que son situados de manera desigual sólo pueden afirmar su desigualdad cuando se encuentran sujetos a un supuesto trato como "iguales ante la ley". Cuando el gobierno mexicano se negó a firmar la versión legislativa de los Acuerdos de San Andrés, presentados por la Comisión de Concordia y Pacificación, los voceros gubernamentales decían estar preocupados de que, si se concediera algún grado de autonomía política a los pueblos indígenas, y con ella el derecho a imponer acatamiento a sus usos y costumbres, tales "derechos especiales" pudieran contradecir el principio de igualdad ante la ley. Sin embargo, como demuestran los artículos referidos, el trato desigual temido por los apologistas del gobierno hace tiempo que existe. La igualdad ante la ley no sólo es una falacia, sino que es precisamente esta ideología la que crea y mantiene la discriminación sufrida por las diversas minorías culturales.

Autora: Jane Collier, Universidad de Stanford, California. *Texto traducido por Héctor Ortíz Elizondo

Collier, Jane, "Liberalismos y racismo: dos caras de una misma moneda", en Dimensión Antropológica, vol. 15, enero-abril, 1999, pp. 11-26. Disponible en: http://www.dimensionantropologica.inah.gob.mx/?p=1266

6
LIBERALISMO ES FACISMO Y RACISMO

A continuación transcribo otro artículo muy interesante –y a mi modo de ver- esclarecedor:

Fascismo y liberalismo, ¿cuál diferencia?

José Solano Solano 23 de Octubre de 2013

Históricamente el liberalismo y el fascismo han estado muy emparentados. En realidad, el fascismo es una respuesta al fracaso liberal de finales del siglo XIX y principios del XX. Las democracias posrevolucionarias no lograron cumplir las expectativas sociales, económicas o políticas. Es por eso que el liberalismo ha tenido que tomar nuevas formas para sobrevivir y perpetuarse hasta la contemporaneidad. Por lo anterior, es necesario abordar históricamente el liberalismo y el fascismo.

En primer lugar, la burguesía, después de la ruptura con el Antiguo Régimen, vio la necesidad de fortalecer, por medio de los procesos constitucionalistas, el Estado que los monarcas construyeran. La Constitución Política acoge las normas represivas básicas del Absolutismo bajo un espectro de igualdad, fraternidad y libertad, aplicable solo a esta clase social. La servidumbre moderna es sólo parte de la involución de las formas de esclavitud anteriores; el marco normativo liberal lo regula con el fin de proteger la propiedad que tanta sangre costó durante la Revolución Francesa.

En segundo lugar, el desarrollo industrial fortaleció a la nueva clase dominante por medio del sometimiento de las nuevas personas libres. Sobra recordar que el trabajo asalariado se convirtió en la nueva forma de esclavitud, quizás más agresiva que las anteriores. Ante la posible pregunta del por qué, la respuesta es fácil: el asalariado adquirió su libertad para escoger a quien lo explote menos, ya no está sometido a un amo o señor, sino que puede elegir a su patrono-empresario explotador, esa es la bondad del sistema actual. Ahora bien, el liberalismo (y sobre todo su neo modalidad) impide, inclusive, la elección del trabajo. La necesidad y el hambre hacen que la persona no pueda decidir, se condena a sí misma a la primera fuente de ingresos, por mísera que sea.

En tercer lugar, el liberalismo propugna los famosos derechos y libertades individuales. Estos son respuesta a la exclusión que vivían los burgueses en el Antiguo Régimen. Sin embargo, estas libertades tocan su techo cuando prevalece la propiedad privada por encima de las otras que dicen preservar. Lo único que defiende el liberalismo, al igual que el fascismo, es el interés del gran capital, su misión político-ideológica es salvaguardar la propiedad de los burgueses capitalistas. Para ello existe la ley, la represión violenta y la cárcel. En resumen, el liberalismo es una ideología de clase burguesa que solo aplica para sí mismos. Los famosos ideales de libertad e igualdad no incluyen a otros. En síntesis, parafraseando a Orwell, todos son iguales, pero hay unos más iguales que otros.

El lado oculto del liberalismo se llama fascismo. Esta doctrina tiene características particulares que tienden a confundir con economías planificadas. Sin embargo, el trasfondo es más distinto de lo que podrían creer algunos. Al menos, los liberales convencidos, coinciden que el fascismo es una corriente de "extrema derecha", en esto no hay ninguna duda-.

El fascismo es totalmente anticomunista y antianarquista. Aunque Hitler fundara un partido bajo el nombre de Nacional Socialismo, lo cierto es que no coincide en nada con los postulados de la llamada izquierda (Comunismo, Anarquismo, entre otros). La defensa de la propiedad privada por parte del fascismo choca directamente con la abolición de esta.

Algunos liberales dicen que los fascismos son antimigrantes. Totalmente cierto. Aborrecen lo que llaman las "razas inferiores". Así pasó con los judíos o gitanos en Europa, así pasa con los latinos o los negros en Estados Unidos. Para combatirlos crean cuerpos especiales: Gestapo, Minutemen. Históricamente, países de corte capitalista, liberal, imperialista, como Inglaterra, justificaban el colonialismo con base en la idea de la "raza inferior". Los liberales del XIX costarricense (y latinoamericano) se plantearon la idea del blanqueamiento social como parte de sus programas políticos y socioculturales. Dicen, pues, los liberales, que aceptan la inmigración sin más. Eso está bien y es de aplaudirse, pero ¿bajo qué circunstancias la aceptan? Simplemente como mano de obra barata, sin prestaciones ni salarios justos. El liberal antepone el capital a lo humano, el fascista también.

Dicen que los fascismos son antiglobalización debido al nacionalismo exacerbado. En parte sí, en parte no. Lo que ocurre es que el nacionalismo sobreprotege la industria nacional pero su globalización es a la inversa. Tanto los liberales como los fascistas defienden la propiedad privada como un baluarte que, en suma, es la protección del sistema per se. La globalización se convierte en el esquema de dominación económica para someter a pueblos más débiles, sin embargo, la globalización no puede voltearse hacia las potencias. En el caso de las pequeñas economías, las cúpulas burguesas liberales se dejan prostituir frente al poder. Estos casos son muy comunes hasta el día de hoy: marcos como el TLC hacen que los países pobres acepten medidas que los países ricos, ni en mil años, aprobarían para su economía. Así mismo, las teorías (neo) liberales antiproteccionistas sólo se aplican a los estados débiles. Ejemplo de ello es que los imperialismos decimonónicos protegían sus compañías para monopolizar la producción y los mercados, también ocurre con los enormes subsidios otorgados a la agricultura en Estados Unidos el día de hoy. El liberalismo tiende a proteger su capital financiero e industrial si este se ve amenazado por agentes externos, el fascismo también.

Ha de recordarse que cualquier signo de igualitarismo es inmediatamente aplacado. El fascismo considera que la sociedad es naturalmente desigual, puesto que existen personas aptas para tener el poder y otras que no. Esto, evidentemente, perpetúa las relaciones de desigualdad entre las clases sociales, lo que permite, a su vez, justificar la dominación de unos sobre otros. Estas ideas del darwinismo social son hijas del liberalismo decimonónico y del positivismo que se puso muy en boga para desarrollar las prácticas imperialistas.

De lo anterior podría partir un error común de los liberales: creer que los fascistas adoran los Estados de Bienestar. Sin embargo, esto es totalmente falso, salvo si se retoma el papel del Estado desde el punto de vista nacionalista. Los estados benefactores pertenecen a las corrientes socialdemócratas, pero estas ideas reformistas e intervencionistas se practican, incluso, en los países más liberales, tal es el caso de los Estados Unidos, pero han de salvaguardarse las diferencias.

La protección de las industrias o de los bancos ha sido un fenómeno recurrente en la política norteamericana, basta remontarse a los paquetes aprobados para salvar al sector financiero tras la crisis de 2008. Sin embargo, estos intervencionismos responden más a un apoyo para el sector capitalista que para el pueblo en general. La recarga de las crisis termina sobre los hombros de la mayoría quienes, al final, con sus impuestos, pagan los salvamentos multimillonarios.

Entonces, el intervencionismo que ayuda a los sectores ricos es parte de la doctrina liberal. En el XIX, se consideraba que los estados debían solventar algunos gastos sociales, pero ha de tenerse presente que esto era con fines ideológicos encaminados hacia el control de la población. La seguridad ciudadana era (y es) el fundamento más intervenido por el Estado, pues este, por medio de la represión policiaco-militar, protege los intereses de la clase burguesa liberal-fascista. En resumen, los fascistas aborrecen los Estados de Bienestar en el tanto limitan la acción del poder en defensa del sector capitalista. La intervención siempre será en el marco de prevalecer los intereses de una clase en detrimento de otra, por ello se da un control exhaustivo de los trabajadores y de cualquier signo de igualdad y libertad plena. Para los liberales y los fascistas, el Estado es sólo un medio para el lucro de la propiedad privada.

Finalmente, sobre el conservadurismo del fascismo, existe una respuesta lógica: el control social. Mientras mayor sea la libertad para los grupos sociales, mientras más derechos van adquiriendo las sociedades, mayor será el grado de tensiones entre el Estado y la población. El ser humano, por antonomasia, busca la libertad. Cualquier forma de represión, por tanto, se combate férreamente. La solución del liberalismo es estirar y encoger el hilo social. Cuando sus privilegios se ven amenazados por la cada vez mayor adquisición de derechos, inmediatamente los limita por métodos violentos. A mayor libertad, mayor empoderamiento. Con mayor poder, las estructuras se tambalean, principalmente la económica. Los liberales empiezan permitiendo la adquisición de derechos, mas conforme estos se adelantan a su capacidad de control, cae irremisiblemente en totalitarismos fascistas.

En resumen, los liberales (y su versión neo) tienden a caer en errores argumentativos. La propiedad es, a fin de cuentas, el origen de todos los males. Esto se explica porque la privatización de la tierra trajo la concentración del capital y el Estado se convirtió en garante de la misma. Si bien esta forma de organización nace con las monarquías, serán los burgueses los que le otorguen poderes de control casi absolutos para defender sus intereses, para ello crearon un conjunto de leyes que protegen la propiedad privada por encima de cualquier otro derecho.

Conforme el Estado va perdiendo sus funciones sociales para desarrollar en demasía las económicas (efecto natural en el liberalismo), tiende a perder el control sobre la población. Al mismo tiempo, los aparatos ideológicos y represivos se hacen menos efectivos para la vigilancia de la colectividad, he ahí el momento de aparición del fascismo. El temor a perder los privilegios capitalistas, motiva a un mayor intervencionismo del Estado. Basta con recordar el contexto en que surgen los nacionalismos en Europa y América: posterior a la Gran

Guerra y la Crisis de 1929 o con el avance del comunismo en Latinoamérica. Como puede notarse, en ciertos aspectos, no hay diferencias entre el liberalismo y el fascismo. El segundo es solo una manifestación del primero, o bien, es su máxima expresión.

El nazismo es antijudío, no antisionista, justamente, muchos sionistas ayudaron al nazismo para eliminar a los judíos. El nazismo funcionó cómo la herramienta rápida de eliminación del verdadero judaísmo para reemplazarlo por el sionismo.

7

Analicemos un poco más al sionismo, y a
una de sus mutaciones más extrañas:
el sionismo "cristiano"

SIONISMO CRISTIANO

Veamos de qué se trata:

El sionismo cristiano, es un movimiento surgido en el seno del cristianismo principalmente evangélico,
pero no circunscrito únicamente a
esta denominación, que apoya la idea
de un hogar nacional para los judíos
desde antes de 1948 y continúa apoyando la existencia del Estado de Israel hasta la fecha (Ice, 1997).[45]

---

45   Ice, T y otros (1997). Jerusalem in Bible Prophecy.

Principios teológicos

Las convicciones que sustentan este movimiento son consecuencia del resurgimiento del método de interpretación literal, en contraposición al método alegórico aplicado a la hermenéutica bíblica que había sido defendido desde los tiempos de Clemente de Alejandría y su discípulo Orígenes (Pentecost, 1984).[46] Tras siglos de dominación del método alegórico en el pensamiento cristiano, la reforma impuso que la Escritura debía entenderse bajo principios de interpretación textual similares a lo que se habían popularizado en el renacimiento, además de aplicar el principio de superioridad de la Biblia por

---

46   J. Pentecost, D (1984). Eventos del Porvenir: Eventos de escatologia biblica. Editorial Vida.

encima de los dogmas eclesiásticos o la tradición apostólica, así se utilizó el axioma La Escritura se interpreta por la Escritura misma (Abreu, S/A).[47]

En consecuencia del mencionado cambio de método, la espiritualización de la escritura quedó limitada solo a aquellos casos donde ella misma refiere un simbolismo espiritual, de manera que aquellos pasajes de la escritura que representaban promesas específicas para la nación de Israel, definida como la descendencia de Abraham, Isaac y Jacob, dejaron de ser aplicados a la Iglesia como Israel espiritual y comenzaron a ser aplicados nuevamente al pueblo, terrenal y físicamente conocido como Israelita o a lo que fundamentalmen-

---

47   Abreu, J. (S/A) Breve historia de la hermenéutica bíblica

te sobrevive del mismo, generalmente identificado como la nación judía. Igualmente, dicha nación judía, tendría una conexión basada en la Biblia, ya no a una tierra prometida espiritual o celestial, sino al territorio antes conocido como Canaán, luego Reino de Israel, posteriormente Judea y Samaria y que se dio a conocer como Palestina tras la invasión romana que tuvo lugar debido a la segunda sublevación judía (132-135 d.C.) con la que el imperio optó por tratar de borrar la relación del pueblo judío con algún territorio del orbe (Cohn-Sherbok, 2003).[48]

Dicha interpretación daría por terminada, para los partidarios del sionismo cristiano, la doctrina del su-

48   Cohn-Sherbok, D.(2003) Breve enciclopedia del judaísmo. Madrid: Ediciones Istmo.

perSesionismo que plantea que la Iglesia Cristiana descrita en el Nuevo Testamento, reemplaza, representa, o se apropia del lugar que antes tuvo la nación de Israel en el plan divino (Benware, 2010),[49] ya que de acuerdo a la pauta literalista[50], las promesas bíblicas dirigidas a Israel, se refieren a esta nación literalmente

---

49   Benware, P (2010). Entienda la profecía de los últimos tiempos.

50   El literalismo bíblico (también denominado biblicismo o fundamentalismo bíblico) es la interpretación de los versículos de la Biblia de una manera explícita y primaria. La interpretación literal de la Biblia es propia de una análisis hermenéutico de las escrituras fundamentalista y evangélico, y es utilizada casi exclusivamente por cristianos conservadores.

La interpretación literal no hace hincapié en el aspecto referencial de las palabras o términos en el texto, significa una negación completa de los aspectos literarios, el género, o las figuras literarias (por ejemplo, la parábola, la alegoría, el símil o la metáfora). Sin embargo, el literalismo no conduce necesariamente a una sola interpretación de cualquier pasaje bíblico.

y solo aquellas dirigidas a la iglesia se refieren a ella. Ello deviene en un principio de división étnica o de identidad, según el cual Dios tendría propósitos específicos con el pueblo judío que difieren de su trato con la Iglesia como un todo, donde resalta particularmente, la promesa incondicional de poseer la tierra de Israel. En otras palabras, la iglesia cristiana no puede en ningún caso ser lo mismo que la nación de Israel, especialmente antes del retorno de Jesucristo, y que las promesas que Dios le hizo a Israel como nación fuerte, literalmente no caducan durante la existencia de la tierra.

Por otra parte, según Stephen Sizer, (2004),[51] el moderno sionismo cris-

---

51   Sizer S (2004) Christian Zionism: road map to Armageddon?

tiano se encuentra relacionado con la noción de dispensacionalismo, la cual representa, según Paul Benware (2010)[52] una economía distinguible en el ejercicio del propósito de Dios, en otras palabras, según esta perspectiva; la historia humana ha atravesado una serie de "mayordomías" o períodos administrativos de trato divino que culminarán en la Segunda Venida de Jesucristo. Las mencionadas mayordomías, también conocidas como "dispensaciones" tendrían una duración y unos términos de relación entre Dios y el Hombre que son diferentes, cuya cantidad exacta se encuentra sujeta a diversas opiniones. (La Mayoría de los dispensacionalistas reconoce siete "7" mayordomías

---

52   Benware, P (2010). Entienda la profecía de los últimos tiempos.

de las cuales se habrían cumplido seis "6", restando solo la última).

La postura dispensacionalista, considera que la última mayordomía representa el cumplimiento final de las promesas hechas a Israel, por lo tanto le otorga un papel trascendental a la nación judía en los acontecimientos inmediatamente anteriores a la segunda venida de Cristo y un rol especial durante el milenio subsecuente a esa venida (Pentecost, 1984). En consecuencia, los partidarios del Sionismo Cristiano, ven en el renacimiento de la nación de Israel como un estado moderno, y ubicado en las tierras ancestrales añoradas por los judíos un evento de proporciones proféticas y una señal que anuncia el pronto regreso del Salvador. (Hayford, 2011).[53]

La centralidad de Israel para los sionistas cristianos

Según Sizer (2004),[54] que es un autor con una postura altamente crítica hacia el sionismo cristiano, este proclama no solamente que todo acto ejecutado por Israel está orquestado por Dios y debería ser condonado, apoyado e incluso ensalzado por todos, sino que los judíos liderarán el proceso ya que ello hará recaer la bendición divina sobre todo el mundo en la medida en que los países reconozcan y respondan a lo que Dios obre en y a través de Israel.

Sin embargo, la mayoría de los sionistas cristianos, no consideran que

---

53   Hayford, J. (2011) ¿POR QUÉ DEBEMOS APOYAR A ISRAEL HOY?

54   Sizer S (2004) Christian Zionism: road map to Armageddon?

todas las acciones de Israel como nación terrenal actual sean correctas, sobre todo considerando las quejas planteadas por los cristianos sobre el rechazo mayoritario que persiste en el Estado Judío hacia el proselitismo y la existencia de los grupos judíos mesiánicos, los cuales no se reconocen como judíos debido a su fe Jesús como mesías, estos últimos serían ejemplos de lo que para el cristianismo en general, incluyendo los grupos sionistas, es incorrecto en cuanto a Israel.

Lo dicho puede corroborarse tomando como ejemplo las iniciativas del partido Shas, para penalizar la labor de los misioneros (Sela, 2007),[55] así como las diatribas legales a que

---

55   Sela, N (2007) Shas seeks harsher punishment for missionaries

se han visto sometidos los llamados judíos mesiánicos.

Sizer define el sionismo cristiano sobre la base de siete postulados:

1-Hermenéutica literal

2-Los judíos continúan siendo el pueblo elegido de Dios

3-Los judíos tienen derecho divino sobre la tierra de Oriente Medio

4-Jerusalén es la capital exclusiva de los judíos

5-El templo judío debe ser reconstruido

6-Los árabes son los enemigos del pueblo de Dios

7-El fin del mundo llegará pronto en la gran batalla del Armagedón, pero los cristianos que apoyen a Israel sobrevivirán.

Este movimiento religioso hunde sus raíces en la Reforma Protestante, en cuyo seno la Biblia fue enseñada dentro de un contexto histórico contemporáneo, atribuyéndosele un significado literal. La escatología puritana, que llegó a ser dominante en el protestantismo estadounidense ya para finales del siglo XVII (piénsese en Jonathan Edwards y Cotton Mathers), asumió un carácter post-milenarista, enseñando que la conversión de los judíos traería consigo la bendición futura para toda la Humanidad.

En Gran Bretaña, donde el dispensacionalismo maduró, el sionismo cristiano produjo figuras tan influyentes como Lord Shaftesbury, Lord Arthur Balfour y Lloyd George (la propia reina Victoria asumió el título de Protectora de los Judíos). Balfour trabajó estrechamente con el líder sionista Haim Weizmann (que llegaría a ser el primer presidente del Estado de Israel) para producir lo que se conocería como la Declaración Balfour. Considerada como la primera gran declaración de apoyo al sionismo realizada por una potencia mundial, proclama de forma un tanto insincera que:

El Gobierno de Su Majestad contempla favorablemente el establecimiento en Palestina de un Hogar Nacional para el pueblo judío, y empleará sus mejores empeños para facilitar el logro de dicho objetivo, dejando claro que nada se hará que pueda perjudicar los derechos civiles y religiosos de las comunidades no-judías ya existentes en Palestina.

En una fecha tan temprana como ésa los sionistas cristianos privilegiaron los derechos de los judíos sobre los de los palestinos -en realidad, ignoraron completamente los derechos de los nativos.

John Nelson Darby

Aunque el sionismo cristiano cuenta con reductos de poder en otros lugares -en Holanda y Escandinavia, por ejemplo, así como entre muchos sionistas de los países del Tercer Mundo-, su centro real lo constituye sin duda Estados Unidos, a donde fue llevado desde Inglaterra a mediados del siglo XIX por John Nelson Darby, personaje descrito por Sizer como el padre del Dispensacionalismo y que hizo de la idea de un Israel renacido la piedra angular de su teología apocalíptica. Darby, dice Sizer, ha ejercido probablemente mayor influencia en el pensamiento apocalíptico [end-time thinking] que ninguna otra figura en los dos últimos siglos (aunque rivaliza con él la serie Relegados, de Hal Lindsey y Tim LaHaye, influido por él). A falta de un poderoso movimiento sionista, el sionismo cristiano estadounidense surgió de la confluencia de estas complejas asociaciones, evangelistas, premilenaristas, dispensacionalistas, milenaristas y protofundamentalistas. Los sionistas cristianos ya no esperaban que el arrepentimiento nacional judío precediera a la restauración; podría aguardar hasta después de la vuelta de Jesús con el milenio.

Darby predicaba que Dios tiene dos pueblos distintos y separados: la Iglesia -su pueblo divino- y los judíos -su pueblo terrenal. Aunque ambos funcionan como una unidad, en realidad, tal como ya indicamos, los judíos asumen un papel de liderazgo a través de Israel. Por el contrario, los dispensacionalistas ven dos tipos muy distintos de dispensa al final de los tiempos. Mientras que los cristianos disfrutan de la Segunda Venida y la salvación del Milenio, los judíos, sus supuestos aliados, padecen un destino muy diferente: en el Armagedón dos tercios de los judíos mueren y el tercio restante se convierte al cristianismo, condición necesaria para la Segunda Venida. El dispensacionalismo tiene poco de teología amistosa con los judíos. A pesar de ello, las tres principales clases de dispensacionalismo -el Apocalíptico (preocupado por el Fin de los Tiempos, el Mesiánico (atareado evangelizando judíos para Jesús)-, y el Político (empleando medios políticos para defender y bendecir a Israel) comparten los mismos postulados: compromiso con la literalidad bíblica, una escatología futurista y la restitución de los judíos a Palestina.

Varios dispensacionalistas han jugado un papel básico en la definición del moderno sionismo cristiano. William E. Blackstone, que predicaba que los judíos gozaban de un derecho bíblico sobre Palestina y pronto serían devueltos a esa tierra, apoyó económicamente a Darby y trabajó estrechamente con Louis Brandeis, el miembro judío de la Corte Suprema y pionero líder sionista estadounidense que en cierta ocasión proclamó: Tú [Blackstone] eres el Padre del Sionismo puesto que tu trabajo precede al de Herzl. Cyrus Scofield, cuya Biblia de Referencia Scofield (Biblia apócrifa reescrita y comentada por el estadunidense Cyrus Scofield basado en una secta inglesa), publicada en 1918, ha sido descrita como la Biblia del fundamentalismo estadounidense, jugó un papel clave en la fundación del Seminario Teológico de Dallas, el principal brazo académico del dispensacionalismo (desde donde Lindsay predica).

La independencia de Israel en 1948 y su arrolladora victoria en la Guerra de los Seis Días de 1967, premonitorias del Armagedón, galvanizaron a los sionistas cristianos, pero solamente con la elección en 1976 del presidente Jimmy Carter -un "cristiano renacido"-, que coincidió con la elección en 1977 de Menahem Begin como Primer Ministro de Israel, comenzaron a fusionarse verdaderamente en serio como una fuerza política organizada dentro del sistema político estadounidense, una tendencia que quedó consolidada por la ulterior elección de Reagan y por la emergencia de la Mayoría Moral de Jerry Falwell. No solamente el lobby judío sionista de los USA tenía un campeón en la Casa Blanca, sino que sionistas cristianos, incluidos el Fiscal General Ed Meese, el Secretario de Defensa Casper, el Secretario de Interior James Watt y, desde luego, el propio Reagan, accedieron por primera vez al poder político. Lindsay, Pat Roberson y Falwell, que en 1982 fue invitado por Reagan a dar una charla al Consejo Nacional de Seguridad, obtuvieron acceso formal a los líderes y gestores políticos estadounidenses.

Hoy, Jerry Falwell, que llama al Cinturón Bíblico estadounidense el Cinturón de Seguridad de Israel, calcula que existen 70 millones de sionistas cristianos y 80.000 pastores sionistas cuyas ideas son diseminadas por 1.000 emisoras cristianas de radio y 100 cadenas cristianas de televisión. Constituyen de forma clara una facción dominante del Partido Republicano y representan un cuarto de los votantes de Bush.

El sionismo es parte del adn del liberalismo, está en sus huesos -por decirlo de alguna manera-. Vemos en el puritanismo cómo desde el principio fueron sionistas. El sionismo no es ni más ni menos que el intento de eliminar al verdadero judaísmo reemplazándolo por este remedo pseudo israelita, porque el sionismo poco tiene de verdadero judaísmo. El verdadero judío teme a Dios, teme perder su alma, tiene claro que Dios lo va a castigar si lo niega, sabe perfectamente que Dios se involucra en asuntos humanos al punto de enviar al Mesías, y lejos está de atreverse a modificar la Torá; luego veremos si para los judíos Jesús es el mesías, pero aún así ellos esperan que Dios lo envíe, y si lo envía es porque -obviamente-, Dios se preocupa de la humanidad, y se preocupa personalmente.

También vemos –nuevamente- las ideas apocalípticas –propias del liberalismo-. Es claro que cuando uno apoya o adhiere a ideas o políticas liberales o neoliberales, también está apoyando todo este otro "paquete" de ideas y creencias, que –aunque parezcan abstractas o sólo religiosas-, afectan directamente la vida cotidiana de las personas y países.

8

LIBERALISMO Y FEMINISMO

Al analizar el feminismo podemos ver con claridad cómo las revoluciones se producen dónde existe una situación de opresión. Esto parece redundante o de perogrullo pero no siempre está tan claro. Veamos rápidamente el movimiento de emancipación de las mujeres y dónde se produjo.

El sufragismo, que sería el inicio de la emancipación o de los movimientos feministas, se produce en los países industrializados: Inglaterra, Estados Unidos, países que parecen -a simple vista- modelos de bienestar, pero… en esos países los individuos –hombres y mujeres- se vieron obligados a trabajar a la par en situaciones de explotación, en muy malas condiciones de trabajo, y sin darse cuenta se encontraron –las mujeres- con obligaciones similares o mayores que las de los hombres, ya que al volver de trabajar en la industria –además del trabajo fabril- debían hacerse cargo del hogar.

Estos países industrializados eran países protestantes –recordemos-, recordemos el tema del trabajo y su relación con el pensamiento liberal.

Las mujeres ya se encontraban sojuzgadas por los pensamientos religiosos propios del protestantismo que eran más clasistas que los de los países católicos cómo España, así que ahora se encontraban con más obligaciones pero con los mismos magros derechos, lo cual sólo podía llevarlas en una dirección y esa era la de pedir más derechos, al menos los mismos que gozaban los hombres. En ese contexto se inician los movimientos feministas de los países industriales, mientras que en Rusia -todavía bajo el zarismo-, las mujeres se movilizan en contra de la guerra, en huelgas de trabajadoras pero siempre en un contexto social, socialista, de igualdad y apoyo a los hombres.

Cuando ocurre la revolución rusa las mujeres son parte de la revolución y ocupan cargos a la par de los hombres. La revolución "es ciega al sexo", y la "cuestión femenina" nunca fue la "cuestión feminista".

La revolución comunista pone inmediatamente a la mujer en igualdad en todo sentido. Libertad sexual, divorcio, igualdad de los hijos legítimos e ilegítimos, se permite el aborto, subsidios por maternidad, verdaderamente se podría decir que en derechos avanzaban mucho más rápido que los países "libres", eran el sueño liberal.

Lo interesante es que al volver a casa, ambas, las comunistas y las capitalistas debían cuidar de los niños, atender su hogar y todo volvía a ser muy parecido sino igual que antes. Luego vino la contrarrevolución, el estalinismo. Con el estalinismo se volvió al papel tradicional de la mujer, con una política conservadora de exaltación de la familia y la procreación privada. Con Stalin la mujer ganaba lo mismo que el hombre siendo Rusia el único país en el mundo con sueldos iguales. La homosexualidad fue criminalizada en 1934 y se lanzó una campaña contra la promiscuidad sexual y el adulterio. La maternidad se convirtió en un tema central de propaganda y en el 1936 se ilegalizó el aborto salvo en casos extremos (todos estos temas: divorcio, aborto, desvirtualización de la familia, habían sido políticas de la revolución y que Stalin daba por terminadas). En 1943 se introdujo la educación separada para chicas y chicos. En el 1944 se penalizó el divorcio con sanciones económicas impagables para la mayoría. Rusia había probado todo lo que el occidente liberal vendía como ideal y no le había gustado, no había servido, no había funcionado; lo había hecho una realidad y al final lo había descartado. El "sueño liberal" -para Rusia- había sido una pesadilla.

9
EL "CASO RUSIA"

En Rusia el liberalismo aprovechó una situación de opresión –del zarismo-, para empujar una revolución que les permitiera –a los liberales-, hacerse con el poder. Se puede ver cómo en el primer momento de la revolución comunista los ideales liberales se hacen patentes: liberalidad sexual, destrucción de la familia, aborto, divorcio. Vemos que -aunque el comunismo se había hecho con el poder- el campo seguía en manos privadas, los terratenientes seguían teniendo el poder, y la idea era que Rusia –a pesar de la revolución- fuera otro país supeditado a las potencias de occidente.

El campo le hace un boicot a la revolución ocultando las cosechas y hambreando al pueblo ya que claramente sus intereses se veían comprometidos o pensaban que se verían comprometidos, y eso hace que Stalin termine realizando una reforma agraria. Al mirar todo el panorama –me parece a mí- que Stalin es realmente quién lleva a delante una verdadera revolución comunista, continúa lo iniciado por Lenin pero lo profundiza y lo hace realmente comunitario. Lamentablemente el precio pagado por el pueblo ruso fue demasiado alto, Stalin no perdonó ninguna traición a la revolución y los liberales no tuvieron dónde esconderse, y cómo siempre pasa, pagaron justos junto con pecadores.

Stalin lleva a Rusia a otro nivel y la transforma en potencia mundial.

En este punto me parece interesante analizar cómo durante el gobierno de Cristina Kirchner (Argentina 2009), y ante los impuestos que esta presidenta de Argentina imponía al campo y que luego distribuía socialmente al resto de la sociedad, los liberales, la oligarquía del campo, la llamaban "estalinista", no comunista sino "estalinista". En Argentina también, el campo, la oligarquía agrícola ganadera, intentó permanentemente derrocar el gobierno de Cristina Kirchner porque afectaba sus intereses y socializaba el dinero y algo de la riqueza producida.

Uno a veces piensa que los liberales no leen los libros de historia, pero es claro que no sólo los leen sino que han sido partícipes, autores, movilizadores, de muchos de los hechos históricos que uno cree inconexos, pero al revisar la escena del crimen los rastros liberales se ven por todas partes.

Rusia prueba los límites extremos del liberalismo, va de una punta a otra y al final termina adoptando un grupo de políticas que están muy cercanas al cristianismo: comunidad, comunitario, protección al núcleo familiar, derechos iguales a ambos sexos, igualdad, no al aborto, y libertad para la religión. El estado ha vuelto a apoyar a la Iglesia, en este caso la Cristiana Ortodoxa Rusa.

Hoy Rusia parece "vacunada" contra el liberalismo. Lo probó y no le gustó, no resultó cómo le habían prometido. Un chiste ruso dice: "el comunismo no era todo lo que nos habían dicho, pero el capitalismo era todo lo que nos habían dicho".

En las elecciones presidenciales los liberales sacan cada vez menos votos, en 1993 sumaban el 23%, en el 2004 el 3%. Entre otros ítems la plataforma liberal en Rusia ofrece: reformar y consolidar el sistema judicial, y la abolición de la corrupción en el gobierno. Estos dos puntos son típicos en el discurso liberal actual, el tema corrupción lo enarbolan cómo antes era el de la libertad, cuando ellos son los más corruptos, pero es lo que la gente, el pueblo, percibe cómo una necesidad. Y lo otro, fundamental para llevar adelante los cambios que quieren hacer, es el control del sistema judicial. El sistema judicial para los liberales les permite impunidad y además aseguran con ello saltarse el sistema parlamentario. Una vez que asumen el gobierno lo que hacen es perseguir "judicialmente" a la oposición y gobiernan por decretos, de esa manera no necesitan al congreso, al parlamento, y lo único que se les podría oponer –democráticamente- sería el sistema judicial, y por eso tratan de cooptarlo reformándolo a su gusto.

No hay nada nuevo.

En América Latina los liberales lograron –en los últimos años- tres destituciones de presidentes por motivos "judiciales", en realidad, tres golpes de estado: Manuel Zelaya en el 2009 en Honduras, Fernando Lugo en el 2012 en Paraguay y Dilma Rousseff en Brasil en 2016, todos ellos "populistas" según los liberales. Luego de estas destituciones, los cargos presidenciales fueron reinstaurados con gobiernos liberales, neoliberales, ultra-liberles. ¿Cómo es posible? Si el presidente destituido por "corrupto" era "populista", de pensamiento social,

¿no debería haber asumido su sucesor natural, su segundo también "populista"? ¿cómo es que luego de estas destituciones -estos gobiernos votados por el pueblo- terminaron liberales? Obviamente porque son –simplemente- golpes de estado; golpes de estado de los supuestos "demócratas" liberales.

En Argentina, hoy 2016, se habla de Blitzkrieg en referencia a los primeros meses del gobierno liberal de Mauricio Macri. Blitzkrieg en alemán, literalmente significa 'guerra relámpago'. Es el nombre popular que recibe una táctica militar de ataque que implica un bombardeo inicial, seguido del uso de fuerzas móviles atacando con velocidad y sorpresa para impedir que un enemigo pueda llevar a cabo una defensa coherente.[56] Macri realizó enormes re-

---

56   Los principios básicos de estos tipos de operaciones se desarrollaron en el siglo XX por varias naciones, y se adaptaron años después de la Primera Guerra Mundial, principalmente por la Wehrmacht, para incorporar armas y vehículos modernos como un método para evitar la guerra

formas sociales y económicas a una velocidad vertiginosa con la intención de desmantelar el estado, endeudar y condicionar al país. Los aumentos en la tarifas de servicios públicos llegaron al 1.700% (mil setecientos por ciento) al 2018 Todas o casi todas sus acciones de gobierno fueron por decreto saltándose el parlamento, y el único freno ha sido el sistema judicial, -y hasta cierto punto- debido a que se han ido intentando eliminar del sistema los jueces y fiscales que no le eran afines. Pero el movimiento ha sido tan veloz que el pueblo aún no ha logrado tomar conciencia del daño.

---

de trincheras y la guerra en frentes fijos en futuros conflictos. Los historiadores han definido la Blitzkrieg como el empleo de conceptos de maniobras y guerra de fuerzas combinadas desarrollada en Alemania durante el periodo de entreguerras y la Segunda Guerra Mundial. Desde el punto de vista estratégico, la idea era conseguir un derrumbamiento rápido del adversario con una campaña corta librada por un ejército pequeño y profesional. Desde el punto de vista operacional, su meta se conseguía por medios indirectos, tales como la movilidad y la sorpresa, dejando los planes del adversario impracticables o irrelevantes.

10
EL "CASO ESPAÑA"
Anarquismo y Liberalismo
Anarcocapitalismo

Cuando analicé el movimiento feminista en Europa y Estados Unidos noté que en España había tardado un poco más en aparecer, no fue hasta después de Franco, y entonces me pregunté ¿por que? ¿cuál fue el motivo? España era católica y estaba "vacunada" contra el protestantismo.

Para los liberales entrar a España les estaba resultando muy difícil, ya que sin el protestantismo cómo base -cómo caballo de Troya-, se les hacía mucho más complicado extender sus ideas.

España no era industrial, no existía este asunto de trabajo esclavo fabril y la mujer seguía desempeñando sus tareas y ocupándose del hogar en un entorno mucho más distendido que el de los países liberales. Esta situación de relativa tranquilidad no las empujaba a verse obligadas a una revolución y es allí en esa no-necesidad imperiosa de revolución -no sólo de las mujeres, sino de la sociedad en general-, que entran los liberales en acción, quiénes al no encontrar la forma de penetrar la coraza española, es que se tiran a fondo e intentan un quiebre total de las ideas e instituciones españolas promoviendo el anarquismo. Sobre todo en un intento de eliminar la iglesia católica, la que había sido el mayor impedimento para su ingreso.

Es imprescindible observar a las mujeres españolas en el contexto, en el tiempo, en que Inglaterra y Estados Unidos trabajaban el feminismo liberal y Rusia ponía a la mujer en igualdad de condiciones con el hombre, haciendo irrelevante el feminismo. España -en 1936- era el país que más mujeres tenía en el parlamento. En España más de 20.000 mujeres peleaban en el frente cómo soldados.

El anarcocapitalismo –que se intenta en España- es simplemente liberalismo. Es el mismo lobo con una piel diferente. Lo que ocurre es que el liberalismo no encontraba la forma de ingresar a España, España los conocía y no les permitía el ingreso ni a los liberales ni a su troyano, el protestantismo.

Si observamos el logo anarquista se puede ver una cruz invertida típica del anti-cristianismo. Este logo también fue adoptado por los movimientos ultra feminstas liberales.

¿Qué dice el anarcocapitalismo? ¿de que se trata?

Veamos, los anarquistas españoles decían: "los sistemas de mercado pueden suplantar al gobierno en la mayoría de sus funciones fundamentales", "cada individuo debe disfrutar del máximo de libertad compatible con una libertad igual para los otros, implicando en particular derechos ilimitados para adquirir y disponer de bienes en el mercado", "comprometido con el libre mercado", "cada persona podría ejercitar su derecho a proteger su propia libertad, utilizando los servicios de una asociación privada de protección si fuera necesario", "la defensa es un servicio como cualquier otro, un trabajo y una mercancía sujeta a la ley de la oferta y la demanda, que prevaleciendo la competencia el patrocinio irá a quien ofrezca el mejor producto al precio más razonable, y que la producción y venta de esta mercancía está ahora monopolizada por el Estado que como monopolista carga precios exorbitantes por un mal servicio.", " el anarquismo incluía prisiones y fuerza armada".

En fin… simplemente liberalismo, ni más ni

menos…ultra-liberalismo.

El liberalismo no lograba ingresar a España con promesas o ideales de prosperidad industrial y trabajo esclavo, o sea que el capitalismo no lograba deslumbrar a los españoles –España era católica y por lo tanto su doctrina era mucho más social, ¿más socialista podríamos decir?-. Bien, es en ese contexto, ante la imposibilidad de entrar de otra forma y al percibir que los españoles veían con ciertos buenos ojos la revolución comunista rusa, es que se tiran -los liberales- a introducir en España un pseudo comunismo disfrazado de anarquismo.

Pero... ¿por que no directamente el comunismo? Porque España y los españoles eran religiosos y no iban a acceder a un régimen que prohibiera la religión, así que probaron con la anarquía. Pero anarquía capitalista, híper capitalista, un anarcocapitalismo impulsado por los ricos, por la elite, por los liberales, inspirado por el anarquismo individualista clásico estadounidense -casualmente, casualmente estadounidense...-. El anarquismo capitalista proponía "la abolición del Estado (y de todo monopolio "artificial" estatal ya que son financiados por medio de impuestos)", -o sea que estaban en contra de pagar impuestos-, y la "privatización en libre competencia de toda actividad no-coactiva. Esto es, en manos o en propiedad privada de empresas bajo un régimen de competencia y de libre acceso para la prestación o suministro de cualquier servicio pacífico financiado voluntariamente (incluida la ley y la seguridad)" –incluida la ley !!!¿?-. Abogaba por la "completa desregulación de las actividades personales y económicas no invasivas; y por un mercado autorregulado" –otra vez del mercado autorregulándose-. El extremo, extremo, extremo liberal individualista.

Me parece que en este punto puede ser interesante volver sobre algunas constantes liberales como son: su permanente grito de "ladrones", "chorros" (cómo se le dice al ladrón coloquialmente en Argentina), luego las denuncias o supuestas denuncias de "corrupción" de los políticos no liberales que pudieran haber hecho algo de políticas sociales, y el permanente intento de cooptar a la justicia para que falle de acuerdo a sus intereses, a sus intereses liberales por supuesto. Nuevamente vemos que cualquier gobierno que cobre impuestos "les roba", no les cobra impuestos sino que les roba el fruto de su esfuerzo que ellos no están dispuestos a compartir con nadie. Luego la corrupción, cualquier político que realiza trabajo social es un corrupto, porque el liberal no comprende el amor al prójimo y por lo tanto lo asimila cómo hipócrita y piensa que seguramente el que realiza trabajo social es porque en realidad se está llevando algo, y como ese algo tiene que ser dinero del estado, entonces ese "corrupto" le está robando. Y al final la justicia, el sistema judicial. Cada vez que el liberal realiza una denuncia de corrupción (que no existe) necesita una sistema judicial acorde a su pensamiento para que falle en contra de toda lógica social y condene a quiénes hayan obrado repartiendo la riqueza entre el pueblo –para el liberal "su riqueza"-. Aun mínimamente –léase obras públicas, educación, salud-.

Bien, bien.

Sigamos con España. Veamos un poco de historia: En 1898 la pérdida de Cuba -por España-, representó la definitiva caída del que fuera el Imperio español. Esto, en una época convulsa en la que, frente a un liberalismo elitista no consolidado e inestable, se intentaba imponer el parlamentarismo democrático basado en el sufragio universal. En España, el siglo XIX estuvo presidido por un prolongado período de inestabilidad política y guerras civiles; los intentos liberales no cejaban y chocaron en todos los casos con la reacción del "Antiguo Régimen" y la Iglesia. Esta conflictividad política y social, junto con revueltas y guerras civiles, unido a las guerras coloniales, propició un sistema político corrupto e ineficaz en una España empobrecida, atrasada y con fuertes desequilibrios entre clases y regiones. También se podía sentir la presión de nuevas posiciones liberales políticas y el intento de ingreso del protestantismo inglés.

En ese contexto surge el Frente Popular, una coalición electoral creada en enero de 1936 por los principales partidos de izquierda españoles, una coalición que ponía en el poder definitivamente al liberalismo. En ese año Stalin promovía la contrarrevolución en Rusia. El 16 de febrero de ese año, el Frente Popular, consigue ganar las elecciones durante la Segunda República antes del golpe de Estado que produciría la Guerra Civil.

El luego dictador –Francisco Franco[57]-,

---

57   Francisco Franco Bahamondee fue un militar y dictador español, impulsor, junto a otros altos cargos de la

quién hace frente a este arrebato liberal ya casi consolidado, decía en una conversación con el director general de Seguridad Vicente Santiago en momentos previos al golpe de estado que desencadenaría la guerra civil: él decía que no conspiraría hasta que no existiese un «peligro comunista en España». Santiago le responde: «si alguna vez, esas circunstancias que usted dice les hacen ir a una sublevación, me atrevo a predecir que de no triunfar ustedes en cuarenta y ocho horas se seguirán tales desdichas como jamás se vieron en España ni en ninguna otra revolución». Es claro que hay un manifiesto temor a que el comunismo ingrese a España. Ese temor, ante una situación de inmediatez -debido que la izquierda ya estaba en

---

cúpula militar, del golpe de Estado de 1936 contra el Gobierno democrático de la Segunda Repúblicacuyo fracaso desembocó en la guerra civil española. Fue investido como jefe supremo del bando sublevado el 1 de octubre de 1936, y ejerció como caudillo de España y jefe de Estado desde el término del conflicto hasta su fallecimiento en 1975, y como presidente del Gobierno entre 1938 y 1973.

el poder porque había ganado las elecciones-, lleva a Franco y a otros a realizar el golpe de estado.

La ideología del franquismo se ha definido como nacional catolicismo destacando su nacionalismo centralista y la influencia de la Iglesia en la política y demás ámbitos de la sociedad.

Política e ideológicamente Franco se define sobre todo por rasgos negativos: antiliberalismo, antimasónico, antimarxista. Queda claro que en un punto Franco y los que están de acuerdo con él no estaban construyendo algo nuevo sino simplemente defendiendo a España de un enemigo conocido: los liberales.

Así en abril de 1943, tras la derrota alemana de Stalingrado (II Guerra), Franco escribió al papa Pío XII:

"Se mueven, entre bastidores, la masonería internacional y el judaísmo imponiendo a sus afiliados la ejecución de un programa de

odio contra nuestra civilización católica, en el que Europa constituye el baluarte principal por considerársele el baluarte de nuestra fe"

Es una pena que se identifique al sionismo como -genéricamente- judaísmo, cuando -como ya hemos visto más arriba-, son dos cosas distintas. Este temor al sionismo Franco lo manifiesta -entre otros-, en dos artículos que en 1949 y 1950 escribió para el diario Arriba,[58] firmados con el seudónimo de Jakin Boor, en los que vincula a los sionistas con la masonería y los califica de «fanáticos deicidas» (asesinos de Dios) y «ejército de especuladores acostumbrados a quebrantar o a bordear la ley». Según

---

58   Arriba fue un periódico español, órgano oficial de FET y de las JONS.1 Fue fundado como semanario en Madrid el 21 de marzo de 1935 por José Antonio Primo de Rivera. Se publicó hasta el 5 de marzo de 1936, fecha en la que fue suspendido por el gobierno de la II República, suspensión que continuaría debido al inicio de la Guerra Civil.

Álvarez Chillida[59], esos artículos responden al voto en la ONU de Israel contrario al levantamiento de las sanciones internacionales contra España acordadas en 1946. En el artículo titulado «Acciones asesinas» publicado el 16 de julio de 1950 el general Franco da plena credibilidad al libelo antisionista Protocolos de los Sabios de Sión gracias a los cuales, según él, se ha podido conocer la conspiración del sionismo «para apoderarse de los resortes de la sociedad».

---

59   Gonzalo Álvarez Chillida es profesor titular de Historia del Pensamiento y de los Movimientos Sociales y Políticos. Tiene reconocidos por la CNEAI tres sexenios de investigación. Con anterioridad ha sido catedrático de Bachillerato, de Geografía e Historia, durante veintiséis cursos. Ha investigado y publicado diferentes trabajos sobre la derecha española y sobre el antisemitismo español contemporáneo, destacando el libro El antisemitismo en España. La imagen del judío 1812-2002, Madrid, Marcial Pons, 2002. En la actualidad investiga sobre el anarquismo español en la época de la Segunda República y sobre el colonialismo español en Guinea desde la óptica de las relaciones interraciales entre colonizadores y colonizados.

El desastre del gobierno dictatorial de Franco es harto conocido, no vamos a profundizar en ello, simplemente diré que fue otra consecuencia de los intentos liberales de cooptar países y de lo caro que le costó a España; el alto precio que debió pagar por intentar mantenerse fuera del ámbito liberal. Y el precio siempre es pagado por el pueblo. Abrir la puerta al liberalismo es abrir cajas de Pandora. Nada bueno puede venir de ellos.

Puede resultar interesante que en el gobierno de Macri en Argentina entre 2015 y 2018 aparecieron manifestaciones violentas de anarquistas vestidos de negro y con las caras tapadas que esgrimían consignas que nadan tenían que ver con la realidad de ese país, al grito de "uno", lo cual retraía al movimiento anarquista de EEUU "All one" de la universidad de Berkeley, obviamente anarco-capitalistas estadounidenses. Eran claramente un evento tras-plantado de los liberales de EEUU y Europa del que nunca antes se había tenido conoci-miento en Argentina y con el que se buscaba que apareciese como una supuesta oposición al gobierno de Macri. El uso de los movimientos anarquistas como el gran "cuco" solo se les ocurre a los liberales, justamente porque ellos son los anarquistas.

11
EL "CASO ESTONIA"
Otro experimento liberal

Este país europeo ex unión soviética ha sido elegido por el liberalismo para una prueba piloto de extrema digitalización. En Estonia todo es manejado a través de internet, las compras se realizan con dispositivos electrónicos, el Documento Nacional de Identidad es electrónico y digitalizado de tal manera que para realizar cualquier trámite o actividad basta con introducir o presentar esta tarjeta en los dispositivos de reconocimiento. También –al estar asociados a un dispositivo móvil- el Estado conoce en tiempo real la ubicación física de cada uno de los ciudadanos.

Este sistema de procesamiento de datos hace que haya menos contacto humano al no necesitar interactuar con otras personas para realizar tareas tan comunes como trámites o compras. Recordemos que el liberalismo busca el aislamiento del individuo y paradigma es el individualismo.

Hacerse ciudadano de Estonia es muy sencillo y puede realizarse desde cualquier parte del mundo, también registrar empresas, lo que inmediatamente se asocia a fuga de capitales y paraíso fiscal. Estonia cuenta con más ciudadanos digitales que ciudadanos reales.

Todos los datos de los ciudadanos están guardados en formato digital, aún los expedientes judiciales, lo cual hace que sea mucho más sencillo para personal interno del Estado acceder a dichos datos; aunque desde los medios oficiales aseguren que tal cosa no es posible la duda queda latente. Cualquiera con conocimientos de computación sabe que los distintos niveles de acceso siempre existen.

El 90% del país cuenta con internet inalámbrica, fundamental para llevar adelante este proyecto.

Como buen proyecto liberal lo primero que hicieron fue privatizar las empresas estatales y vender sus bienes a "inversores extranjeros", típico del desmantelamiento del Estado.

El pequeño tamaño del país y de su economía convierte a Estonia en un campo de pruebas ideal para políticas económicas. Estonia es, en cierto modo, un laboratorio económico por el que casi todos los economistas del mundo han mostrado interés.

Este pequeño tamaño y su alta exposición al comercio internacional provocaron que la crisis financiera de 2008 golpeara a Estonia con especial dureza. En 2009, el PIB sufrió un hundimiento de casi el 10 por ciento.

Muchos pusieron en tela de juicio las políticas económicas liberales aplicadas en Estonia, incluido el Premio Nobel de Economía e influyente economista neokeynesiano Paul Krugman.

Estonia, es un país donde más del 15% de la población tiene más de 65 años. Al respecto en 2003 han publicado un estudio acerca de la marginación de la gente mayor en forma de libro. El libro está escrito en inglés y lleva como título 'Disminución del riesgo de marginación en las personas mayores, los sistemas de pensiones, los servicios sociales y de salud en Estonia en 2003'. En sus páginas se intenta analizar la situación y formular recomendaciones necesarias a partir de las conclusiones del estudio. De hecho, dicho estudio reveló algunos factores importantes que son responsables de una situación en la que la atención a la tercera edad no es adecuada y queda lejos de satisfacer las necesidades básicas en muchos casos. Entre estos factores cabe citar una división innecesaria de recursos dentro del sistema, la falta de medicina geriátrica, un sistema de atención sanitaria en pañales, largas listas de espera y un elevado coste de los medicamentos. (Fuente: SORDIS, Comisión Europea: Estudio sobre los servicios y el sistema de atención sanitaria a la tercera edad en Estonia)

21% Por debajo del nivel de pobreza

La tasa de población bajo el nivel de pobreza pasó del 6% en 1994 al 21% en 2015, y continúa la tendencia al alza.

Aunque la tasa de desempleo ronda el 9% el 21% se encuentra bajo el nivel de pobreza.

Es clara la crisis de la mediana edad y de los hombres sin trabajo en busca de algún rol que los vuelva a incluir en la sociedad. Como todo sistema liberal éste busca contratar gente joven despidiéndolas al alcanzar determinada edad. El liberalismo no desea hacerse cargo de empleados con familia y además siempre –para ellos- es más económico para las empre-sas los empleados nuevos que aquellos con antigüedad, por lo que normalmente la "flexibilización laboral" impulsada por este sistema termina con desempleados que aún no han cum-plido con la antigüedad necesaria para jubilarse y que ya no vuelven a conseguir una nueva ocupación. Es claro que el Estado no impulsa controles laborales para que esto no ocurra, todo lo contrario.

Actualmente en bastantes familias estonias

se puede observar la siguiente escena: la madre sale a trabajar, el padre arrastra las pantuflas hasta la televisión para intentar pasar la jornada en compañía de los niños y los abuelos. Para ahorrar, los niños ya no van a la guardería y los abuelos han salido del geriátrico debido a su alto costo. Esta escena puede ilustrar un auténtico infierno: la madre regresa del trabajo agotada y se encuentra con el marido que ya se ha tomado varias cervezas para aliviar su crisis de identidad. Los niños, agitados, están plantados delante de la televisión, tienen los ojos rojos, los pañales a reventar y se mueren de hambre. Y los ancianos, que no se han tomado su medicación debido a que no los pueden pagar, se muestran intranquilos. Nada de extrañar para un sistema liberal que por norma excluye a los mayores y es renuente de permitir la vida digna de los ancianos.

En Estonia hasta el voto es electrónico y a través de los dispositivos móviles, sin necesidad de estar presente en el lugar de votación y sin respaldo en papel. Difícilmente se pueda decir que el sistema se transparente o verificable. Es claramente el ideal de una dictadura liberal, elitista, y de extremo control estatal/empresarial sobre los ciudadanos en la que –obviamente- el ciudadano no tiene ninguna posibilidad de controlar al Estado/multinacionales.

Toda la libertad con que cuenta el capital, las empresas multinacionales, y el sistema financiero le falta en definitiva al ciudadano de a pie, como es natural en el liberalismo.

Inmigración:
Estonia rechazó las cuotas de inmigración de la Unión Europea acerca de refugiados, en consonancia con su ultra liberalismo y condición elitista. La mano de obra humana no tiene lugar en ese país donde el ideal es la automatización y la robotización.

Emigración:

Según los últimos datos publicados Estonia tiene 198.042 emigrantes anuales, lo que supone un 15,05% de la población de Estonia (2018). Puede resultar interesante que ante tan maravilloso sistema, modelo informático mundial liberal, el 15% de la población decida irse. Es claro que no todo lo que reluce es oro.

La emigración femenina, 110.296 mujeres un 55.69% del total de emigrantes, es superior a la masculina, 87.746 emigrantes varones, que son el 44.30%. Conviene fijarse en que el porcentaje de emigración femenina en Estonia es muy superior a la de emigrantes hombres.

Los principales países de destino de los emigrantes estonios son Rusia, donde van el 29,67%, Finlandia, el 25,89% y seguido de lejos por Alemania, el 5,92%.

En los últimos años, el número de emigrantes estonios ha aumentado en 34.652 personas, un 21,21%.

El balance entre entrada y salida de población

es de -3 cada mil habitantes, o sea que salen más de los que entran, y este datos se ha incrementado a partir del 2003 manteniéndose firme en los últimos 12 años.

Como dato extra también podemos observar que la tasa de mortalidad ha aumentado progresivamente desde el 2000 a 2014. La tasa de mortalidad materna ha aumentado de 2 cada 100.000 a 8 en el 2015, (un 400%). Esto puede ser debido a la baja en la densidad de médi-cos que era de 3,4 en el año 2.000 a los 3,3 del 2014. También las camas de hospitales por cada 1000 habitantes han bajado de 5,7 a 5,3 entre 2008 y 2011.

Otros números interesantes pueden ser que la tasa de infección de VIH/DIDA de casi 0 en 1999 pasó al 1,3% en 2013, típico de malas políticas de salud pública

La tasa de alfabetización bajó pasando de 100% en 1998 a 99,8 a partir del 2000, manteniéndose llamativamente estable en ese valor a partir de allí.

La deuda pública ha aumentado pasando del 3,8% del PBI al 9% en 2017.

Las reservas de oro pasaron de 1,600 millones de euros en 2004 a 390 millones en 2017.

La deuda externa se ha incrementado pasando de casi 0 en 2000 a 19.000 millones en 2018.

La densidad de población ha bajado pasando de 31 habitantes por m2 en 003 a 27,5 en 2017, justamente lo que veíamos antes, salen más de los que entran. Raro para un "paraíso" que quiere mostrar el liberalismo y de una supuesta "sociedad perfecta".

La tasa de suicidios es la más alta de Europa. Uno de los dolorosos temas sociales para los estados bálticos que se unieron a la Unión Europea en el 2004 después del colapso de la ex Unión Soviética.

Más allá del sorprendente crecimiento económico y la transformación de sus capitales en atracciones turísticas hay un mundo de privaciones para grandes sectores de la población.

Los jubilados luchan por sobrevivir, las instalaciones de salud pública son a menudo miserables y los casos de tuberculosis, una enfermedad asociada con la pobreza, están muy por encima del promedio de la Unión Europea.

Decenas de miles han emigrado en busca de mejores salarios y condiciones de vida, otros se inclinan por una salida más radical.

La tasa de suicidios fue de 30 personas por cada 100.000 en el 2006, y los hombres presen-taban mayor riesgo. En la vecina Letonia la cifra fue de 21,4, de acuerdo a informaciones oficiales.

El suicidio es particularmente común en comunidades rurales donde el desempleo aumentó tras la disolución de las granjas colectivas de la era soviética. En el distrito del leñador Linkevicius, Varena, la tasa fue de 71,9 por cada 100.000. Debemos recalcar que el 50% de la población vive en zonas rurales.

Las personas carecen de la educación necesaria y habilidades profesionales, o son demasiado viejos para adaptarse a nuevas realidades. El Estado ha hecho muy pocos esfuerzos para ayudarlos, según los expertos. En su desesperación, muchos terminan en el alcoholismo.

Violencia de género:

Detrás de Guatemala y Colombia con 70 (otro modelo liberal) encontramos a Estonia con 57 muertes por millón, en la lista de los 10 primeros, junto con Bélgica (con 29) y Hungría (con 26).

Religión, o ¿ausencia de ella?

Estonia, históricamente, una nación luterana Protestante, es uno de los países "menos religiosos" en el mundo en términos de actitudes declaradas, y solo el 30% de la población declara que la religión es una parte importante de su vida cotidiana.

La población religiosa (ese 30%) es predominantemente cristiana e incluye seguidores de 90 afiliaciones, la mayoría de los cristianos ortodoxos y los cristianos luteranos. Según Ringo Ringvee (poeta estonio, erudito religioso), "la religión nunca ha jugado un papel importante en el campo de batalla político o ideológico" y que "las tendencias que prevalecieron a fines de la década de 1930 para relaciones más estrechas entre el estado y la iglesia luterana terminaron con la ocupación soviética en 1940". Además, afirma que "la cadena de tradi-ciones religiosas se rompió en la mayoría de las familias" bajo la política soviética de ateísmo de Estado. Antes de la Segunda Guerra Mundial, Estonia tenía aproximadamente una población del 80% protestante; abrumadoramente luterana.

Entre el censo de 2001 y 2011, la Iglesia ortodoxa superó el luteranismo para convertirse en la denominación cristiana que más aumentó la afiliación entre los estonios. El luteranismo sigue siendo el grupo religioso más popular (14,8%), mientras que Ortodoxia oriental es practicada principalmente por la mayoría de las minorías eslavas no nativas (45% de ellos son ortodoxos) sumando el 13,9% al 2017. Según la Universidad de Tartu, los estonios irre-ligiosos no son necesariamente ateos; en cambio, los años 2010 han sido testigos de un cre-cimiento de creencias neopaganas, budistas e hindúes entre aquellos que se declaran "no religiosos".

Como vemos, la falta de cristianismo católico u ortodoxo es campo ideal para la llegada del liberalismo, y luego la proliferación de las creencias neopaganas hacen su aparición. Tal vez la presencia cada vez mayor de los cristianos ortodoxos logre algún cambio.

Saduceos en Estonia
Y el porque del proyecto ultra liberal estonio

Los "Mitnagdim" (opositores). La oposición al jasidismo.

Los primeros sauceos/caraítas llegados a Estonia fueron llevados allí por el Gran Duque

Vytautas[60] desde Crimea a fines del siglo XIV (1397-1398). Específicamente Vytautas eligió a los caraítas –reconocidos como guerreros y luchadores- como custodios de su castillo más importante, el Castillo de Trakai. Me vuelve a la memoria lo que decía el historiador Flavio Josefo acerca de los saduceos ya en época de Jesús: "un grupo belicoso y grosero".

De esa manera se inicia la historia de los caraítas lituanos que hoy siguen viviendo a orillas del lago.

La reacción saducea más patente contra el jasidismo comienza en la comunidad de Vil-

---

60   Vitautas el Grande o Vitold (Acerca de este sonido Vytautas Didysis, en bielorruso, Vitaut, en latín, Ale-xander Vitoldus, en polaco, Witold, en rusino: Vitovt, c. 1350-27 de octubre de 1430), fue uno de los gober-nantes más famosos del Gran Ducado de Lituania con el título de Didysis Kunigaikštis, el equivalente a rey. Vitautas fue gran duque de Lituania (1401-1430), cuyos territorios abarcaban principalmente el territorio habitado por lituanos y rutenos. Fue también príncipe de Hrodna (1370-1382), príncipe de Lutsk (1387-1389) y candidato a rey de los husitas. De origen pagano fue obligado a bautizarse católico a los 31años, pero solo por imposición volviendo luego al paganismo.

na, conocida como la "Jerusalem de Lituania", que era el centro de estudios talmúdicos más afamado entre los judíos de Europa Oriental. Allí, en 1772, los miembros de la pequeña comunidad jasidím fueron excomulgados y sus dirigentes castigados, llegando incluso a decretarse su expulsión.

Los enfrentamientos fueron creciendo, se daban a distinto nivel en diferentes localidades, pero fue en Lituania donde la oposición al jasidísmo mostró, a fines del siglo XVIII e inicios del XIX, los signos de un movimiento organizado. Allí, los sectores conservadores de la sociedad judía se congregaron bajo la dirección del rabino Eliahu Ben Shlomó Zalman, que era apodado, "el Gaón de Vilna".

Bajo su liderazgo se formó un movimiento de oponentes a la doctrina jasídica que fueron denominados popularmente: "mitnagdim". En general, las acusaciones de los "mitnagdim" giraban en torno a las prácticas jasídicas que consideraban "una amenaza a la tradición y al rigor religioso". Este estaba convencido que dar preferencia a las intenciones por sobre los preceptos, y apartarse del estricto cumplimiento de las normas, llevaría a los jasidím a la transgresión de la Torá. Como buen saduceo ponía como único medio de justificación las normas de la Ley mosaica, hasta por encima de las buenas obras e intenciones.

Según los saduceos estonios la pretensión del Tzadik[61] de mediar entre Dios y el pueblo, así como las visiones y milagros que se le atribuían a los jasidím, eran para el Gaón una idolatría, además de considerar a los líderes jasidistas como "hombres ignorantes".

En 1782, el Gaón estableció que los jasidím: "…. profieren palabras impropias en idiomas extraños[62] y en voz alta durante las dieciocho

---

61   Tzadik [tsadik] (en hebreo: "justo") es un título dado a personalidades, en la tradición judía, consideradas justas, tales como figuras bíblicas y maestros espirituales posteriores. La raíz de la palabra Tzadik es tzedek, que significa "justicia".

62   Referencias al "hablar en lenguas". En la teología cristiana, se llama don de lenguas a una facultad mila-grosa concedida por el Espíritu Santo a una persona, y que corresponde a la capacidad de hablar múltiples idiomas que dicha

bendiciones que tradicionalmente se recitan en total silencio, comportándose de una forma desequilibrada. Y lo explican diciendo que sus pensamientos estaban vagando por mundo remotos....todos sus días son fiesta....cuando recitan sus falsas oraciones gritan y aúllan hasta hacer temblar las paredes....Actúan como si fueran ruedas (se refiere a los giros de los saltos mortales) con sus cabezas vueltas hacia abajo y sus pies hacia arriba...Esta es solo una entre sus miles de costumbres desagradables". El Gaón de Vilna llamaba desagradable a la

persona desconoce. Los cristianos justifican la existencia de este don amparados en la Biblia. Según ella, esta facultad sería transmitida mediante el Espíritu Santo. La primera vez que se describe es en el libro Hechos de los Apóstoles, durante la fiesta judía de Pentecostés (posiblemente el año 33 d. C.), cincuenta días luego de la muerte de Jesús de Nazaret. Pablo de Tarso, en su Primera epístola a los corintios, escribió que el don de lenguas servía de «señal (...) a los incrédulos», es decir, a los no cristianos. También allí intentó normar el procedimiento de hablar distintas lenguas. Mientras que algunas denominaciones cristianas creen en el don de lenguas en la actualidad, otras, basadas en dicha primera epístola de Pablo, consideran que dicho don cesó tras la muerte de los apóstoles en el siglo I.

alegría y felicidad con que los jasidim llevaban adelante su misticismo. También en consonancia con su pensar saduceo rechaza las visiones y los milagros por creer que Dios no se ocupa de los hombres.

El Gaón de Vilna se puso al frente de la lucha del partido ortodoxo. En 1772, el consejo o kahal de la ciudad mandó a arrestar a los líderes jasídicos, excomulgó a sus vinculados y se enviaron notificaciones a los rabinos ordenándoles "hacer la guerra a la secta atea".

Veamos cómo esta forma de pensar saducea se repite en muchas facciones protestantes que rechazan que los pastores puedan interceder entre Dios y los hombres, así como los milagros y las visiones asegurando que todo ello terminó con la llegada de Jesús. Es clara la penetración judaizante saducea en el protestantismo, en mayor o menor medida. También por otro lado una vez más los saduceos –siempre aliados al poder de turno- buscan denun-ciar a sus enemigos frente a las autoridades alegando temas de tipo político cuando en realidad son asuntos de orden religioso.

En 1780 alarmó a los ortodoxos saduceos la aparición de los primeros trabajos literarios sobre el Jasidismo. Al año siguiente, el consejo rabínico de Zelva ordenó expulsarlos de todas las comunidades, contemplarlos como miembros de otra fe, no celebrar matrimonios, no tratarlos ni permitirles enterrar a sus muertos en los cementerios comunitarios. Los jasidim ya eran fuertes en Europa sudoriental y no se intimidaron con la persecución, pero no sucedía lo mismo en el norte cuyo líder Rabí Shneur Zalman de Liadi (1745 -1812) fundador de la Jabad (organización que centraliza a los jasídicos), intentó mitigar el odio de los mitnagdim y de su líder Elijah Gaón.

En 1797 los mitnagdim denunciaron a los líderes jasídicos ante el gobierno ruso como agitadores peligrosos y guías de herejías, por lo que fueron arrestados 22 de ellos en Vilna y en otros lugares. Rabí Shneur Zalman fue detenido en su corte de Liozna y llevado a San Petersburgo en 1798. El Jabad celebra aún su liberación y recuerda a sus opositores por lo que consideran una traición.

Para los mitnagdim (saduceos, opositores), el jasidismo era una "total herejía" la cual se cas-tigaba con el "jerem" (la excomulgación). Tras la muerte del Gaón en el año 1798, no se sosegaron los enfrentamientos, sino todo lo contrario, éstos se agudizaron. Se denunciaba a los jasidím de no guardar lealtad a los gobernantes (buscando que el tema religioso se lleva-ra a una instancia política), de menospreciar a los gentiles, y de enviar dinero de contraban-do a Turquía, pero en realidad eran fondos destinados a los judíos de Eretz Israel ("Tierra de Israel", "Tierra Santa").

La lucha en Lituania y Bielorrusia llevó a la creación de grupos jasídicos separados. En el sudeste de Europa los jasidim eran más en número que los mitnagdim aunque ocurría lo contrario en Lituania.

La guerra decreció con el tiempo, y hacia mediados del siglo XIX la mayor parte del judaísmo saduceo la suspendió y se comprendió con los jasídicos.

En 1804, el gobierno ruso, ya dueño de la mayoría de los territorios de Polonia y de sus súbditos judíos, decretaron la legalidad oficial de ambas formas de judaísmo, autorizando a las dos corrientes a organizar sus propias comunidades. Esta situación de reacción del Esta-do es una constante en el tema saduceo. Lo mismo había ocurrido en Roma con respecto a los cristianos. Los saduceos en época de la primera iglesia buscaron que Roma condenara a los apóstoles Pedro y Pablo alegando cuestiones de orden público.

La guerra contra el jasidismo le permitió al rabinismo saduceo unirse y fortalecerse el Lituania. Si bien con el transcurso del tiempo se redujo la ferocidad y la crudeza del enfrentamiento, perduraron las divergencias básicas sobre la escala de valores judíos. Uno de los temas que acercó a los mitnagdim y a los jasidím, fue la hostilidad mutua hacia el movimiento de la "Haskalá"[63], el Iluminismo, que comenzaba a extenderse a Europa del Este.

Nuevamente queda claro que no se debe tratar a todas las facciones judías de la misma forma ni hablar de "judíos" generalizando sin discriminar.

Esta guerra entre saduceos y fariseos se intuyó durante dos mil años de diáspora y convivencia, pero es claro que ante la declaración explícita ocurrida en Estonia ya no existen dudas. Lo que ocurre es que esta es una guerra que no queda circunscripta al ámbito judío sino que se extiende al mundo gentil, al no-

---

63   La Haskalá (en hebreo: "Ilustración" o "educación"), también conocida como la Ilustración judía, fue un movimiento que se desarrolló en la comunidad judía europea a fines del siglo XVIII y a lo largo del siglo XIX. Tomó los valores del Siglo de las Luces, buscando una mejor integración con el entorno e incrementar la educación del hebreo, la historia judía y demás conocimientos seculares, fuera del ámbito de la escuela religiosa o yeshivá.

judío, siendo los gentiles un daño colateral.

EPILOGO

En resumidas cuentas, el pensamiento liberal atraviesa todos los cambios y evoluciones positivas de la humanidad distorsionándolas. El liberalismo corrompe movimientos que serían positivos y que -a pesar de ellos-, de todas maneras logran ser buenos para la humanidad, pero que ellos intentan por todos los medios de capturarlos y desarticularlos y –cuanto menos- atrasarlos, corrompiendo sus bases, tergiversándolas. Ellos tiran la primera piedra y luego acusan. Siguen gritando "crucifíquenlo, crucifíquenlo" cómo la primera vez allá en Jerusalén.

Se apropian de los términos, símbolos y lenguaje de los verdaderos progresistas, de los movimientos sociales, y de allí es que vemos cómo se denominan –a sí mismos- "progresistas", cómo si el liberalismo pudiera llamarse progreso, cómo si el racismo, el nazismo, el esclavismo pudieran ser un progreso.

En estos días he escuchado al presidente de Estados Unidos, Barack Obama, decir que él era "populista", cuando ellos mismos han denostado el término populista asociándolo a gobiernos con orientación social, gobiernos del pueblo, gobiernos del "populacho"; el sólo hecho de llamar populacho al pueblo o de criticar cómo malo que los gobiernos votados por la mayoría, o sea, votados por el pueblo en general, votados por el pueblo trabajador y obrero, ya nos da una clara idea del lugar desde dónde hablan, dónde están parados y que podemos esperar de ellos.

Luego de esta investigación me da la impresión de que el liberalismo lo que busca es arruinar por todos los medios a su alcance el proyecto de la humanidad. Me parece que buscan frenar el avance y ensuciar las buenas intenciones humanas, "embarrar la cancha" cómo decimos coloquialmente. El liberalismo utiliza un sistema de espejo. Ellos muestran en el otro, en quiénes se les oponen o en quiénes están haciendo o proponiendo algo positivo, sus corrupciones –actuales o futuras-, por eso es necesario prestar atención a lo qué dicen de los otros para buscar inmediatamente eso en ellos.

Son anticristianos por sobre todo, y es el cristianismo la mejor "vacuna" al liberalismo, pero el verdadero cristianismo, el cristianismo social, el cristianismo comunitario, el del amor al prójimo, el de la solidaridad, básicamente el de las enseñanzas de Jesús.

Vuelvo a mirar hacia atrás y veo a Rusia y España, dos países con cristianismos similares, cristianismos sociales, en los que la única forma que vio el liberalismo de penetrar fue generando revoluciones comunistas porque ni a Rusia ni a España los deslumbró el "progreso capitalista", ni a los rusos ni a los españoles les interesó perseguir la riqueza económica por encima del bienestar común. A estos países no les interesó el brillo del individualismo ni el de la ley de la selva -aquel eufemismo del "darwinismo social"[64] liberal. A uno lo protegió el cristianismo ortodoxo y al otro el catolicismo.

Esto vuelve a verse -me parece a mí-, en 1970, en los conflictos de comunistas y capitalistas que sufrió el mundo. En estos conflictos veo un intento de elección de dos sistemas, detrás de los cuales se encuentran los mismos personajes de siempre intentando desvirtuarlo todo: los liberales, quienes -simplemente-, tratan por todos los medios de ocupar territorio y

---

64   El darwinismo social es una teoría social que defiende que la teoría de la evolución de Charles Darwin tiene aplicaciones sociales en instituciones humanas. Está basado en la idea de la supervivencia del más apto concebido como mecanismo de evolución social y la creencia de que el concepto darwiniano de la selección natural puede ser usado para el manejo de la sociedad humana, insistiendo en la competición (étnica, nacional, de clase, etc.) por recursos naturales o diversos puestos sociales.

cooptar voluntades destruyendo –o intentando destruir-, sistemas que –sin ellos- tal vez funcionarían perfectamente. Son, o intentan ser, el "cuco" y la "solución". Me da la impresión de que pretenden que creamos que si quieres ser capitalista entonces debes ser esclavista ultra-liberal, y si quieres ser socialista entonces no te queda otra opción que ser comunista o anarquista, pero no es así, no es así. No es necesario moverse sólo por los extremos, justamente, los extremos nunca son buenos.

No debemos aceptar las opciones liberales cómo únicas. En realidad no debemos tomar nada de lo que ofrecen los liberales, porque en un punto son sólo falsas opciones, opciones extremistas.

En su deseo, intento, desesperación por ocupar países se camuflan, suplantan identidades, roban ideologías y estandartes, pero –me parece a mí-, que aunque son los mismos lobos la piel de oveja les queda cada vez más chica, sino no se entiende que ahora digan que son "conservadores populistas" ¿¡!!??? ¡conservadores populistas!!!, algo así como un gato canario, o un blanco negro...

Puede resultar interesante que en el gobierno de Macri en Argentina entre 2015 y 2018 aparecieron manifestaciones violentas de anarquistas vestidos de negro y con las caras tapadas que esgrimían consignas que nadan tenían que ver con la realidad de ese país, al grito de "uno", lo cual retraía al movimiento anarquista de EEUU "All one" de la universidad de Berkeley. Eran claramente un evento trasplantado de los liberales de EEUU y Europa del que nunca antes se había tenido conocimiento en Argentina.

Cuando ya nos encontrábamos en los últimos retoques de esta compilación, mi correctora me envió una nota que había sido publicada en el Diario Financiero de Chile en el 2015. Creo que puede ser casi un resumen de los que hemos visto a los largo de estas líneas y quisiera transcribirlo y analizarlo muy rápidamente:

MACRI CONTRA LA HISTORIA
por Axel Kaiser – 25-11-2015

Es difícil dimensionar la trascendencia de lo ocurrido en Argentina. Se trata de un golpe devastador para el populismo latinoamericano, incluido nuestro gobierno, el que ha optado, como advirtió The Economist hace poco, por continuar la ruta que arruinó a nuestros vecinos.

Argentina, como sabemos, no siempre fue el desastre que es hoy.

Veamos, -para el liberal-, *"devastador para*

el populismo latinoamericano", *"desastre que es hoy"*, claramente el gobierno del "populacho", el gobierno social es un desastre que arruina los países. Para él la distribución de la riqueza es desastrosa, seguramente lo percibe cómo una herejía.

Por casi cincuenta años antes de la Primera Guerra Mundial nuestros vecinos crecieron a tasas de un promedio de 6% anual, la tasa más alta jamás registrada en la historia del mundo por un período tan prolongado.

Millones de europeos abandonaban sus países para llegar a la tierra prometida de Argentina, a tal punto que en 1914 la mitad de los habitantes de Buenos Aires eran nacidos en el extranjero.

El país llegó a estar entre los diez

más ricos del mundo, superando a Francia, Alemania e Italia, mientras su ingreso per cápita era de un 92% del promedio de los 16 países más ricos del mundo. Brasil, por hacer una comparación, tenía un ingreso de un cuarto del argentino.

Y esto no era solo en base exportaciones de bienes primarios.

Entre 1900 y 1914 la producción industrial de Argentina se triplicó alcanzando un nivel de crecimiento industrial similar al de Alemania y Japón.

En el periodo 1895-1914 en tanto, se duplicó el número de empresas industriales, se triplicó el trabajo en ese sector y se quintuplicó la inversión en el mismo.

Todo esto fue acompañado de un progreso social sin precedentes en el país: si en 1869 entre un 12% y 15% de la población económicamente activa pertenecía a los sectores medios, en 1914 la cantidad alcanzaba el 40%.

En el mismo periodo el nivel de analfabetismo, se redujo a menos de la mitad.

Se alaba a una época histórica conservadora, con gobiernos de la élite y de la oligarquía, en el que el 50% de la población era analfabeta.

Usted se preguntará cómo llegaron nuestros vecinos a ser uno de los países más ricos del mundo. La respuesta es que desde mediados del siglo 19, introdujeron instituciones liberales que desataron las energías creadoras de sus habitantes.

La propaganda liberal se hace patente, y el discurso parece –cuanto menos- panfletario: *"desataron las energías creadoras"*.

El marco más relevante fue la constitución de Juan Bautista Alberdi, brillante intelectual que admiraba a Thomas Jefferson y a los padres fundadores de Estados Unidos. Reflejando la filosofía libertaria que inspiraría su constitución, Alberdi diría cosas impensables para un político actual, como por ejemplo, que "los pueblos del Norte no han debido su opulencia y grandeza al poder de sus Gobiernos, si no al poder de sus individuos" y que "las sociedades que esperan su felicidad de la mano de sus Gobiernos esperan una cosa que es contraria a la naturaleza".

Sigue el discurso de tipo pastor protestante desde el púlpito y absolutamente pro Estados Unidos: "brillante intelectual que admiraba a Thomas Jefferson". Alaba el individualismo y asegura que otra cosa sería "contraria a la naturaleza". Lo natural es lo individual, lo antinatural -entonces-, sería el pensamiento cristiano comunitario. Por supuesto va contra la idea de estado como cntralor.

El mismo Alberdi agregaría que "los Estados son ricos por la labor de sus individuos, y su labor es fecunda porque el hombre es libre, es decir, dueño y señor de su persona, de sus bienes, de su vida, de su hogar".

El discurso va ahora en contra del control -obviamente del estado-, *"el hombre es libre, (...) dueño y señor de su persona..."*. Utiliza expresiones típicas de la Biblia, aquella "potestad sobre toda la tierra" del Génesis[65].

Toda esta filosofía liberal que encumbró a la Argentina a la cúspide mundial se desplomó de manos del socialismo fascista de Perón y las nuevas doctrinas estatistas que proliferaron a partir de la Gran Depresión de los años 30. Desde ahí nunca más volvió a ser lo mismo.

Recalquemos el *"socialismo fascista"* que estatiza y desploma, en contraposición de la filosofía liberal que lleva a la cúspide y -por supuesto- privatiza.

Hoy, Argentina es un fracaso eco-

---

65   Entonces dijo Dios: «Hagamos al hombre a nuestra imagen, conforme a nuestra semejanza; y tenga potestad sobre los peces del mar, las aves de los cielos y las bestias, sobre toda la tierra y sobre todo animal que se arrastra sobre la tierra.» Génesis 1:26 - Biblia

nómico y social con una de las inflaciones más altas del mundo occidental, niveles de corrupción récord, un ingreso que apenas llega al 43% del promedio de los 16 países más ricos, inseguridad galopante, pobreza de un 30%, y además ha sido expulsada de los mercados de capitales internacionales.

Se omite –obviamente-, que Argentina logró recuperarse –en los últimos 10 años- de una de las peores crisis de su historia, una crisis producida –justamente- por los liberales, y que salió adelante gracias a no ejecutar políticas neoliberales. Se vuelve sobre el caballo de batalla de: "corrupción", corrupción que cuando uno escarba lo único que encuentra son liberales; cómo ocurrió con las investigaciones que promovió el gobierno del que este artículo habla, pero que a la hora de escribirse estas líneas ya llevaba tres años de gobierno. En esas investigaciones judiciales -que tendían a encarcelar a funcionarios del gobierno anterior (kirchneristas[62])- al final, terminaron conectando, los actos de corrupción investigados, con el actual presidente liberal Macri, sus ministros, parientes y posibles testaferros. Detrás de cada investigación siempre se encuentra a los mismos actores; más y más liberales. También quedó claro que Macri contaba con innumerables cuentas offshore en paraísos fiscales como surgen de los Panamá papers.[66]

---

66   Panama Papers (en español papeles de Panamá) es la expresión dada por los medios de comunicación a una filtración informativa de documentos confidenciales de la firma de abogados panameña Mossack Fonseca, a través de una entrega de 2,6 terabytes de información por parte de una fuente no identificada al periódico alemán Süddeutsche Zeitung, que posteriormente compartió con el Consorcio Internacional de Periodistas de Investigación (ICIJ, por sus iniciales en inglés), revelando el ocultamiento de propiedades de empresas, activos, ganancias y evasión tributaria de jefes de estado y de gobierno, líderes de la política mundial, personas políticamente expuestas y personalidades de las finanzas,

Pero la esperanza llegó, tras un siglo de declive. El nuevo gobierno encabezado por Mauricio Macri puso fin no solo a más de una década de degeneración institucional kirchnerista, sino a casi cien años de dominio político peronista.

Se llama *"degeneración institucional"* a los cambios sociales que en Argentina se llevaron adelante –principalmente-, por el partido peronista en el pasado, y en los últimos años por los kirchneristas. Para el autor, políticas sociales = degeneración.

Así las cosas, la tarea que enfrenta Macri es nada menos que derrotar la historia. Ya logró una primera victoria en las urnas.

---

negocios, deportes y arte.

Esa fue la parte "fácil". Ahora le toca dar inicio a una transformación sostenible en el tiempo que logre terminar, a nivel cultural e ideológico, con el peronismo que ha destruido la libertad y condenado a la decadencia y vergüenza internacional a un pueblo que ha probado tener lo necesario para pertenecer a la élite mundial.

Demoniza al peronismo cómo culpable de todos los males y propone *"terminar"* con él, y por supuesto no menciona que todas las conquistas sociales en Argentina fueron peronistas, es lógico, ya que cómo liberal –el autor- espera que las conquistas laborales (sindicatos, vacaciones, sueldos altos, subvenciones, etc) sean eliminadas definitivamente por el nuevo gobierno. También evita decir que el presidente liberal en el que él tiene puestas sus expectativas aseguró -en su campaña electoral- ser peronista y hasta puso una estatua de Perón en una plaza –por supuesto, por simple camuflaje.

Sigue y dice que espera del nuevo gobierno: *"transformación sostenible en el tiempo que logre terminar, a nivel cultural e ideológico..."*, y yo me pregunto: ¿qué es ese cambio cultural que propone?, ¿de que cambio habla?, tal vez de volver al trabajo esclavo, mal pago, sin sindicatos, machista, xenófobo y explotador que siempre le ha servido a la "élite" liberal a la que quiere que Argentina se una, porque además asegura que las políticas sociales han *"destruido la libertad y condenado a la decadencia y vergüenza internacional"*. Por supuesto la libertad de la élite, la libertad de la oligarquía, la libertad de unos pocos ricos liberales.

El "cambio cultural" que los liberales anhelan es el de terminar con la "pesada herencia" católica que les dificulta la explotación de los latinoamericanos, esa "pesada herencia" cultural que hace que los latinos no quieran trabajo esclavizante y que reclamen derechos sociales.

A tres años del inicio del gobierno de Macri ya va quedando claro que su gobierno es un gobierno para ricos, el que los pobres no están incluidos.

Si Macri logra la titánica hazaña de dejar iniciado ese cambio permanente, pasará a ser el más grande líder político que haya conocido la Argentina en más de un siglo y sin duda uno de los más grandes que haya conocido América Latina en toda su vida independiente.

Los latinoamericanos de buena voluntad no podemos más que desearle suerte y ofrecerle toda nuestra ayuda, por el bien de Argentina y por el de América Latina.

"Latinoamericanos de buena voluntad" una

diatriba prácticamente de texto de constitución, de carta magna. Lleva lo subliminal y de manipulación al extremo. Recordemos que los que ofrecen *"toda nuestra ayuda"* –este diario es de Chile-, son los mismos que en la guerra de Malvinas estuvieron del lado de Inglaterra, o sea, del lado de los liberales que hoy intentan penetrar un poco más en América Latina.

Cómo muestra, valga un botón –se suele decir.

Se puede acceder al artículo original en:
https://www.df.cl/noticias/opinion/columnistas/axel-kaiser/macri-contra-la-historia/2015-11-24/165902.html

El artículo que he analizado se refiere a la república Argentina, pero bien podría ser cualquier país. Las políticas y formas son las mismas y los modelos y sistemas se replican una y otra vez. El liberal, siempre liberal.

¿Y ahora? ¿Qué podemos esperar de los liberales en estos nuevos tiempos?

Decía la vicepresidenta de Macri en Argentina en 2016 Gabriela Michetti, "El modelo que quiere Macri es India". Y yo me quedé pensando ¿India? ¿Qué tiene India para que sea modelo liberal?

Bien…, bien, bien… miremos la historia liberal de India. En la época de la colonización, mientras España iba a hacia América, Portugal iba hacia oriente, y en ese ir a oriente colonizó India.

Detrás de los españoles y los portugueses se movían las flotas inglesas rapiñando y aprovechando el trabajo hecho por los otros dos. Es así cómo llegaron a India y es así cómo montaron –con permiso de Portugal- la Compañía de Indias: la "Compañía Británica de las Indias Orientales". Los ingleses en India no armaron una colonia sino que colonizaron cómo empresa, una simple explotación comercial esclavista. La Compañía tomó el control del país y lo explotó cómo a una empresa del tamaño de un país. Los gerentes (hoy CEOs[67]) tomaron el control y produjeron una escala jerárquica de tipo empresarial. El control policial lo pusieron en manos de mercenarios nepaleses, los Gurkhas, aquellos de los que se habló tanto en la época de la guerra de Malvinas, justamente una guerra contra los ingleses.

India es el ideal liberal. Nada de países o naciones, sólo empresas. Nada de políticos, sólo empresarios. El liberal cómo jefe y señor, y el pueblo (nativo) cómo ciudadanos de tercera, casi extranjeros en su propia tierra. Ese es el modelo del presidente de Argentina en 2016: India. India colonia, India patio trasero de Inglaterra, India brutalmente reprimida, India asesinada impunemente. Y hoy podemos ver esta intención –de los liberales-, de llevar

---

67   CEO, siglas inglesas de Chief Executive Officer o director ejecutivo en español.

adelante esa idea de países-empresas, hasta al punto de empezar a escuchar esto de: Marca España, o Marca Perú, o Marca Chile, Brand Australia... Pero... no todo está perdido, India se liberó de los liberales -y dejó de ser aquella "compañía/colonia" liberal para volver a ser una nación- gracias al cristianismo, un cristianismo llevado adelante por Mahatma Gandhi, un hindú que había estudiado al cristianismo y que había adoptado las doctrinas de Jesús, y que las llevó adelante hasta el extremo. Su doctrina de "no violencia[68]" estaba basada en las enseñanzas de Jesús de no resistir al mal, de amar a los enemigos, de poner la otra mejilla[69],

---

68   No violencia - Ahimsa es un término sánscrito que se refiere a un concepto filosófico que aboga por la no violencia y el respeto a la vida. Es lo contrario a himsa (violencia). En Occidente, el concepto de la ahimsa fue introducido por Mahatma Gandhi, quien lo consideraba "común en todas las religiones", incluyendo el cristianismo y el islamismo.

69   Habéis oído que se dijo: ``OJO POR OJO Y DIENTE POR DIENTE. Pero yo os digo: no resistáis al que es malo; antes bien, a cualquiera que te abofetee en la mejilla derecha,

pero esta mejilla tiene que ver con ofrecerla sin retroceder, manteniendo las convicciones y aguantar hasta el final. Es a este cristianismo al que le temen los liberales. El cristianismo que les muestra -en un espejo de pacifismo y de no violencia- su ilimitado salvajismo, un salvajismo muy liberal. Lamentablemente hoy India ha caído nuevamente en mano de los liberales. Los liberales han ganado las elecciones y se encuentran llevando adelantes sus típicas políticas de "ajuste" y privatizaciones. Ya se habla de "Marca India" (brand India). El Sr Modi −nuevo primer ministro [liberal]-, ha iniciado la "flexibilización laboral" y empiezan los despidos masivos. Una pena, India era una de las mayores economías del mundo.

---

vuélvele también la otra. Y al que quiera ponerte pleito y quitarte la túnica, déjale también la capa. Y cualquiera que te obligue a ir una milla, ve con él dos. Al que te pida, dale; y al que desee pedirte prestado no le vuelvas la espalda. (Mateo 5 – Evangelios)

India se encuentra desarrollando (2018) las nuevas ciudades ultra liberales llamadas "Ciudades inteligentes", lo que podríamos llamar ciudades feudales independientes. Decía la Red de Vivienda y Derechos de Propiedad (RVDP), una organización de abogados de Nueva Delhi: "No hay sitio para los pobres", "No hay sitio para los pobres en estas ciudades brillantes imaginadas por el Gobierno", -criticando los planes porque no ofrece una alternativa a las personas afectadas-.

Bien. Luego de este vuelo muy rápido sobre India y las compañías/países puede que sea más sencillo comprender el porqué -el presidente M. Macri- no puso políticos en los ministerios de su gobierno liberal sino gerentes, gerentes de grandes empresas, gerentes de multinacionales, CEOs, meros comerciantes. Macri sueña con la empresa Argentina, colonia de Estados Unidos. Macri es sólo un liberal haciendo liberalismo, ultra-liberalismo, nada más.

Debemos estar atentos.

Cómo dice el "Martín Fierro"
-obra gauchesca argentina:

>*"Los hermanos sean unidos*
>
>*porque esa es la ley primera*
>
>*tengan unión verdadera*
>
>*cualquier tiempo que sea*
>
>*porque si entre ellos pelean*
>
>*los devoran los de afuera."*

Colonización de Estados Unidos y liberalismo

La brutalidad de la esclavitud

Murray Rothbard • enero 29, 2013
Conceived in Liberty (1975) https://
mises.org/library/brutality-slavery

Cómo introducción a este muy interesante artículo de Murray Rothbard quisiera explicar la relación de los puritanos con la esclavitud. El puritano era parte de la reforma protestante y en ese separarse del catolicismo –de la reforma-, estos habían vuelto, se habían internado, hacia el judaísmo. El puritano se identificaba más con el judaísmo que con el cristianismo. El puritano volvía hacia el Antiguo Testamento en busca de justificaciones, metodologías, doctrinas, leyes, etc. En ese contexto es que encontramos a los puritanos en un dilema frente a los esclavos negros.

La Biblia les dice [a los judíos] que la alianza de Dios con Abraham incluye a "los comprados con su dinero", o sea que si compras al esclavo con dinero entonces el esclavo tiene un estatus dentro de la alianza con Dios, pero... si tienes esclavos que no son comprados con dinero, entonces, la alianza no los toca, no los incluye. ¿Y qué hicieron? ¿qué hicieron para tener trabajadores gratuitos, trabajadores esclavos?, recordemos que los puritanos lo primero que habían hecho al llegar a América fue matar a los indios, así que -por ese lado- se habían quedado sin mano de obra gratuita, así que produjeron "esclavos", produjeron esclavos propios de sus tierra inglesas. Presos políticos, perseguidos religiosos, irlandeses rebeldes, etc. Estos esclavos eran blancos y casi compatriotas, pero no se los compraba directamente, estos esclavos eran obligados a trabajar gratis por el gobierno inglés, y a veces secuestrados en Inglaterra por traficantes de personas.

No es hasta que la esclavitud blanca se prohíbe, que los Estados Unidos se vuelcan a la esclavitud negra a gran escala. Estados Unidos se ve presionado a abandonar la esclavitud blanca por la comparación con la comunidad internacional, y sobre todo por comparación con la colonización española católica.

También son los católicos los que avanzan en el fin de la esclavitud negra y el reconocimiento de los derechos tanto de los indios con de los negros en América, siendo Estados Unidos de los últimos en reconocer la igualdad de derechos. No fue hasta 1968 que –se supone- termina la segregación afroamericana en Estados Unidos, hace apenas 48 años, casi ayer, un año antes de poner al hombre en la Luna.

Bien..., dicho esto continuemos con el artículo:

"La brutalidad de la esclavitud"

Hasta la década de 1670, la mayoría del trabajo forzado en Virginia era trabajo no abonado (en buena parte blancos, pero algunos negros); la esclavitud negra era mínima. En 1683 había 12.000 trabajadores no abonados en Virginia y solo 3.000 esclavos de una población total de 44.000 personas. Los amos por lo general preferían siervos por dos razones. Primera, podían explotar a los siervos más despiadadamente porque no los poseían permanentemente, como pasaba con los esclavos; por otro lado, los esclavos era completamente capital de sus amos y por tanto estos estaban económicamente obligados a tratar de preservar el valor de capital de sus herramientas humanas de producción. Segundo, los siervos, al buscar su libertad, podían ser trabajadores más productivos que los esclavos, que estaban privados de toda esperanza en el futuro.

Al crecer la colonia, el número de siervos también creció, aunque como siervos eran liberados repetidamente, su proporción con respecto a la población de Virginia decreció. Como el servicio era temporal, tenía que crearse continuamente una gran nueva oferta. Había siete fuentes de servidumbre, dos voluntarias (inicialmente) y cinco obligatorias. La primera consistía en parte en "redencionistas" que se comprometían durante un periodo de cuatro a siete años, a cambio del dinero para su billete a América. Se estima que el 70% de toda la inmigración en las colonias a lo largo de la época colonial estaba compuesta por redencionistas. La otra categoría voluntaria consistía en aprendices, hijo de ingleses pobres, que estaban comprometidos hasta que tenían 21 años. En la categoría obligatoria estaban: (a) niños ingleses pobres y huérfanos enviados a las colonias por el gobierno inglés; (b) colonos obligados a servir debido a prisión por deudas (el castigo universal para toda falta de pago en ese periodo); (c) delincuentes de las colonias que eran entregados por la autoridades a las órdenes de empresarios privados; (d) niños o adultos ingleses pobres secuestrados por "reclutadores" profesionales, uno de los cuales llegó a enviar 500 niños al año durante doce años, y (e) convictos británicos que elegían servir en América de siete a catorce años a cambio de sus años de prisión en Inglaterra. Esto últimos eran normalmente ladrones de poca monta o prisioneros políticos, y Virginia absorbía una gran parte de los criminales transportados.

Como ejemplo de las razones para deportar a cautivos a los prisioneros políticos, una ley inglesa en vigor a mediados de la década de 1660 desterraba a las colonias a cualquier condenado tres veces por intentar realizar una reunión ilegal: una ley dirigida principalmente a los cuáqueros. Cientos de rebeldes nacionalistas escoceses, particularmente después del levantamiento escocés de 1679, fueron enviados a las colonias como delincuentes políticos. Una ley de 1670 deportaba a las colonias a cualquiera que conociera actividad religiosa o política ilegal y rechazara convertirse en informador del gobierno.

Durante este plazo de servidumbre, el trabajador no abonado no recibía ningún pago monetario. Sus horarios y condiciones de trabajo estaban establecidos absolutamente por la voluntad de su amo, que castigaba al siervo a su propia discreción. Huir del servicio al amo era castigado con azotes o doblando o triplicando el plazo de servidumbre. Los siervos eran golpeados, marcados, encadenados a su trabajo y torturados frecuentemente. El frecuente maltrato a los siervos se indica así en una ley correctiva de Virginia de 1622: "La utilización bárbara de algunos siervos por amos crueles ha causado tanto escándalo e infamia al país (…) que la gente que se aventuraría voluntaria a venir aquí, se desvía por miedo", disminuyendo así la necesaria oferta de trabajadores no abonados.

Muchos de los siervos oprimidos llegaron a la resistencia abierta. La principal forma de resistencia era huir, ya fuera individualmente o en grupos; esto empujaba a sus contratadores a buscarles por diversos medios, incluyendo anuncios en periódicos. Los paros en el trabajo se emplearon también como método de lucha. Pero también hubo rebeliones más vigorosas, especialmente en Virginia en 1659, 1661, 1663 y 1681. Las rebeliones de siervos fueron particularmente apremiantes en la década de 1660, debido al número particularmente grande de prisioneros políticos detenidos en Inglaterra durante esa década. Independientes y rebeldes por naturaleza, estos hombres habían sido enviados a las colonias como siervos. Se aprobaron leyes rígidas en la década de 1660 contra siervos fugitivos que trataban de conseguir su libertad.

En todos los casos, las revueltas de siervos fueron completamente aplastadas y sus líderes ejecutados. Las reclamaciones de los siervos rebeldes iban de la mejora de condiciones y mejor comida a la abierta libertad. El ejemplo principal fue el levantamiento de siervos de 1661 en el condado de York, Virginia, liderado por Isaac Friend y William Clutton. Friend había exhortado a los demás siervos que "sería el primero y los lideraría y gritaría mientras fueran hacía lo que sería la libertad, y a ser liberados de la servidumbre, y que bastaría con llegar a ellos y que irían por todo el país y matarían a quienes se opusieran, y que serían libres o morirían".[70] Los rebeldes fueron tratados con sorprendente indulgencia por el tribunal del condado, pero esta desusada actitud se evaporó rápidamente con otro levantamiento de siervos en 1663.

La rebelión de siervos en los condados de York, Middlesex y Gloucester fue traicionada por un siervo llamado Birkenhead, que fue recompensado por su renegación por la Cámara de los Ciudadanos con su libertad y 5.000 libras de tabaco. Por el contrario, a los líderes rebeldes (antiguos soldados de Cromwell) se les trató despiadadamente: nueve fueron

---

70   Abbot E. Smith, Colonists in Bondage

condenado por alta traición y cuatro fueron ejecutados. En 1672, fue descubierta una trama de siervos para conseguir la libertad y una tal Katherine Nugent recibió treinta latigazos por su complicidad. Se aprobó una ley prohibiendo a los siervos abandonar el hogar sin permiso especial y las reuniones de siervos fueron aún más reprimidas.

Una de las primeras rebeliones de siervos se produjo en la vecina colonia de tabaco de Chesapeake de Maryland. En 1644, Edward Robinson y dos hermanos fueron condenados por rebelión armada con el fin de liberar a los siervos. Trece años después. Robert Chessick, un siervo fugado y capturado de Maryland, convenció a varios siervos de diversos amos a escaparse a los asentamientos suecos del río Delaware, Chessick y una docena de otros siervos robaron el barco de un amo, así como armas para defenderse en caso que trataran de capturarles. Pero los hombres fueron capturados y Chessick recibió treinta latigazos. Como refinamiento especial, uno de los amigos de Chessick y cómplice en la escapada, John Beale, fue obligado a llevar a cabo los azotes.

En 1663, los siervos de Richard Preston, de Maryland, fueron a la huelga y rechazaron trabajar en protesta contra la falta de carne. El tribunal de Maryland condenó a los seis siervos desobedientes a treinta latigazos a cada uno, con dos los rebeldes más moderados obligados a dar los azotes. Por fuerza mayor, todos los siervos se humillaron y pidieron perdón a su amo y al tribunal, que suspendió la sentencia por buen comportamiento.

En Virginia se produjo una rebelión de siervos contra un amo, el capitán Sisbey, ya en 1638; el tribunal inferior de Norfolk ordenó la enorme cantidad de cien azotes a cada rebelde. En 1640, seis siervos del capitán William Pierce trataron de escapar de los asentamientos holandeses. Los fugitivos fueron apresados y brutalmente castigados, por temor a que establecieran "un peligroso precedente para el futuro". Los prisioneros fueron sentenciados a ser azotados y marcados, a trabajar con grilletes y a que se extendiera su periodo de servidumbre.

A finales del siglo XVII, la oferta de siervos empezaba a secarse. Mientras que la creación de nuevas colonias y asentamientos más grandes aumentaba la demanda de siervos, la oferta decaía enormemente al acabar finalmente el gobierno inglés con la práctica organizada del secuestro y del envío de condenados a las colonias. Así que los terratenientes se pasaron a la importación y compra de esclavos negros. En Virginia había habido 50 negros, la mayoría esclavos, de un total de población de 2.500 en 1630; 950 negros de 27.000 habitantes en 1660 y 3.000 negros de 44.000 en 1680: una proporción en aumento constante, pero aún limitada a menos del 7% de la población Pero en diez años, para 1690, la proporción de negros había saltado a más de 9.000 para 53.000, aproximadamente un 17%. Y en 1700, la cifra era de

16.000 de una población de 58.000, aproximadamente el 28%. Y del total de la fuerza laboral (la población trabajadora), esto reflejaba indudablemente una proporción considerablemente mayor de negros.

El cómo se trataba a los esclavos negros puede deducirse por el diario del antes mencionado William Byrd II, que pensaba de sí mismo que era un amo amable y a menudo atacaba a los "brutos que maltratan a sus esclavos". Ejemplos típicos de este amable trato se encuentras en su diario:

8-2-09: Jenny y Eugene son azotados. 13-5-09: Mrs. Byrd azota a la niñera. 10-6-09: Eugene (un niño) fue azotado por escapar y se le puso el bozal. 30-11-09: Jenny y Eugene son azotados. 16-12-09: Eugene fue azotado por no hacer nada ayer. 17-4-10: Byrd ayudó a investigar a esclavos juzgados por "alta traición"; se colgó a dos. 1-7-10: La mujer negra se fugó de nuevo con el bozal puesto. 15-7-10: Mi mujer, contra mi voluntad, hizo que se quemara a la pequeña Jenny con un hierro candente. 22-8-10: Tuve una seria discusión con la pequeña Jenny y la golpee demasiado, cosa que siento. 22-1-11: Un esclavo "pretende estar enfermo". Puse un hierro candente en el lugar del que se quejaba y le puse el bozal.

No tiene sentido criticar esos pasajes como solo ejemplos seleccionados de trato cruel, contraponiéndolos con actos de amabilidad de Byrd en otros terratenientes hacia sus esclavos. Pues se trata no solo de que el sistema esclavista era uno en el que esos actos podían tener lugar, sino de que las amenazas de brutalidad subyacen toda la relación. Pues la esencia de la esclavitud es que los seres humanos, con su libertad inherente de elección, con deseos y convicciones y propósitos individuales, se usaban como capital, como herramientas en beneficio de su amo. Al esclavo por tanto se le fuerza normalmente a tipos y grados de trabajo que no habría escogido libremente; por tanto, necesariamente, el bozal y el látigo se convierten en el motor del sistema esclavista. El mito del amo amable camufla la brutalidad y el salvajismo propios del sistema esclavista.

Un mito histórico sostiene que como los esclavos eran capital de sus amos, el interés económico propio de los amos obligaba a tratar amablemente su propiedad. Pero repito, los amos siempre tenían que asegurarse de que la propiedad era realmente suya, y para esto se necesitaba una brutalidad sistemática para convertir el trabajo de natural a canales coactivos en beneficio del amo. Y, segundo, ¿qué pasa con la propiedad que ha perdido su utilidad? ¿Con el capital que ya no prometía un retorno al amo? ¿Con los esclavos demasiados viejos o enfermos para continuar generando un retorno a sus amos? ¿Qué tipo de trato dictaba el interés económico propio del amo para esclavos que no podían devolver los costes de su subsistencia?

Los esclavos se resistieron a su destino de muchas maneras, que iban de métodos no violentos como ser lentos en el trabajo, fingir enfermedades y huir al sabotaje, el incendio y la insurrección abierta. Las insurrecciones estuvieron siempre condenadas al fracaso, al verse superados en número los esclavos a la población. Y aun así las revueltas de esclavos aparecían y reaparecían. Hubo considerables complots de esclavos en Virginia en 687, 1709-10, 1722-23 y 1730. Una conspiración conjunta de un gran número de esclavos negros e indios en los condados de Surry y la Isla de Wight fue reprimida en 1709 y otra conspiración de esclavos negros aplastada en el condado de Surry al año siguiente. Los esclavos que traicionaron a sus compañeros recibieron su libertad por parte del amo agradecido. El levantamiento de 1730 se produjo en cinco condados de Virginia, con centro en el pueblo de Williamsburg. Unas pocas semanas antes de la insurrección, fueron arrestados y azotados varios esclavos sospechosos. Así que se planeó una insurrección para el futuro, pero fue traicionada y sus líderes ejecutados.

Las huidas conjuntas de esclavos y siervos eran asimismo comunes durante el siglo XVII, así como la participación conjunta en complots y levantamientos. En 1663 esclavos negros y trabajadores no abonados blancos en Virginia tramaron una revuelta extensa y varios rebeldes fueron ejecutados. Los colonos hicieron de aquel día uno de oración y acción de gracias para evitar la revuelta. Ni al esclavo ni al trabajador no abonado se les permitía casarse sin consentimiento del amo, aunque hay registros de frecuentes cohabitaciones, a pesar de las leyes que las prohibían.

Se ha mantenido en mitigación de la brutalidad del sistema esclavista americano que los negros eran comprados a jefes africanos, que los habían esclavizado allí. Es verdad que los esclavos también eran esclavos en África, pero también es cierto que la esclavitud africana nunca vio el ámbito enorme, la coacción masiva del trabajo forzado que distinguía a la esclavitud de las plantaciones americanas. Además, la existencia de un mercado blanco de esclavos extendió enormemente el grado de esclavitud en África, así como la intensidad de las guerras intertribales de las que provenía la esclavitud. Como suele pasar en el mercado, la demanda estimulaba la oferta. Además, la esclavitud africana no incluía el transporte bajo condiciones tan monstruosas que un gran porcentaje no podía sobrevivir o el brutal proceso de "ahormamiento" en una estación de camino a las Indias Occidentales para asegurarse de que solo sobrevivían los apropiados para la condición de esclavos o la continua ruptura deliberada de las familias esclavas que prevaleció en las colonias.

Desde la primera colonización de América, se importaron esclavos africanos como mano de obra forzada para hacer posible el funcionamiento de grandes plantaciones, que, como hemos visto, habrían sido antieconómicas si hubieran tenido que basarse, como otros productores, en el trabajo libre y voluntario. En Latinoamérica, desde el siglo XVI, la esclavitud negra se utilizó en grandes plantaciones de azúcar concentradas en las Indias occidentales y en la costa norte de Sudamérica. Se ha estimado que se importó un total de 900.000 esclavos negros a toda América en el siglo XVI y dos millones y tres cuartos en el siglo XVII.[71]

Los negros empezaron a usarse como esclavos en lugar de los indios indígenas americanos porque: (a) los negros resultaban más adaptables a las duras condiciones de trabajo de la esclavitud: los indios, esclavizados, como en el Caribe, solían morir; (b) era más fácil comprar esclavos exis-

---

71   A lo largo de los siglos XVII y XVIII, solo en torno a un quinceavo de las importaciones totales de negros en toda América llegaron al territorio de lo que hoy son los Estados Unidos. El que a los esclavos les fue incluso peor en las colonias latinoamericanas se ve en la mayor tasa de mortalidad allí que en Norteamérica.

tentes a los jefes africanos que esclavizar a toda una raza y (c) la gran influencia moral y espiritual del Padre Bartolomé de las Casas en Hispanoamérica, que a mediados del siglo XVI vituperaba la esclavitud de los indios americanos. Las conciencias españolas nunca se agitaron sobre la esclavitud negra como sobre la india; incluso el propio Las Casas poseyó esclavos negros durante muchos años. De hecho, antes en su carrera, Las Casas defendía la introducción de esclavos negros para aliviar la presión sobre los indios. Pero acabó repudiando la esclavitud de ambas razas. En el siglo XVII, dos jesuitas españoles, Alonso de Sandoval y Pedro Claver, destacaron en tratar de ayudar a los esclavos negros, pero ninguno atacó la institución de la esclavitud negra por no cristiana. Indudablemente, una razón para el distinto trato de las dos razas era la convicción general entre los europeos de la inferioridad propia de la raza negra. Así, el propio Montesquieu que se había burlado de aquellos españoles que llamaban bárbaros a los indios americanos, sugería que el negro africano era la encarnación del "esclavo natural" de Aristóteles. Y e incluso en determinista del entorno David Hume sospechaba que: "los negros sean naturalmente inferiores a los blancos. Casi nunca hubo una nación civilizada de esa complejidad, ni siquiera un individuo eminente, ni en la acción ni en la especulación. Ningún fabricante ingenioso entre ellos, ni artes, ni ciencias. Por otro lado, los más rudos y bárbaros de los blancos (...) tienen aun así algo eminente en ellos. (...) Una diferente tan uniforme y constante no podría producirse, en tantos países y épocas, si la naturaleza no hubiera hecho una distinción original entre estas razas de hombres".

Frente a las opiniones de aquellos escritores que mantienen que negros y blancos disfrutaban de iguales derechos como trabajadores no abonados en Virginia hasta la década de 1660, después de la cual los negros fueron progresivamente esclavizados, las evidencias parecen claras de que desde el principio muchos negros eran esclavos y eran tratados muchos más duramente que los trabajadores blancos no abonados.[72] Por ejemplo,

---

[72] Cf. Winthrop D. Jordan, "Modern Tensions and the Origins of American Slavery", Journal of Southern History (Febrero de 1962), pp. 17-30.

ningún hombre blanco fue esclavizado nunca a perpetuidad junto con sus
descendientes en ninguna colonia inglesa. El hecho de que no hubiera
leyes de esclavitud en Virginia hasta
la década de 1660, reflejaba simplemente la pequeña cantidad de negros
en la colonia antes de esa fecha.[73]
Desde una fecha muy temprana, los
negros con dueño trabajaron como
mano de obra rural, mientras que a
los siervos blancos se les dispensaba
de este duro trabajo. Y también desde una fecha temprana, a los negros,
en particular, se les negó todo derecho a portar armas. Un ejemplo especialmente chocante de este racis-

---

73   Ibíd. Jordan cita muchas evidencias de esclavitud negra (incluyendo sentencias de tribunales, registros de negros,
ejecuciones de testamentos, precios comparativos de venta de
negros y siervos blancos) a partir de 1640, antes de lo cual el
número de negros en Virginia era insignificante.

mo que prevalecía en Virginia desde el inicio era la dura prohibición contra cualquier unión sexual de las razas. Ya en 1630, un tribunal de Virginia ordenaba que "Hugh Davis sea azotado duramente ante una asamblea de negros y otros por haberse maltratado a sí mismo en deshonor de Dios y vergüenza de cristianos por contaminar su cuerpo al yacer con un negro". A inicios de la década de 1660, el gobierno colonial prohibió el mestizaje y la fornicación interracial. Cuando Virginia prohibió todas las uniones interraciales en 1691, la Asamblea denunciaba agriamente el mestizaje como "ese asunto espurio y mezcla abominable".[74]

---

74   "Espurio" en la legislación colonial no se refería simplemente a los ilegítimos, sino concretamente a los hijos de uniones interraciales.

Otras regulaciones de este periodo y un poco posteriores incluían una que prohibía a cualquier esclavo abandonar una plantación sin un permiso de su amo, otra decretaba que la conversión al cristianismo no liberaría a un esclavo, un hecho que violaba una tradición europea de que solo los paganos, no los cristianos, podían ser reducidos a esclavitud.

Al final del siglo XVII, la creciente colonia de Virginia había crecido de sus inicios diminutos y precarios con una estructura social definida. Esta sociedad puede calificarse como parcialmente feudal. Por un lado, Virginia, con su abundancia de nuevos terrenos, había repetido el molde feudal completo del territorio inglés. La Compañía de Virginia estaba interesada en promover los asentamientos y más concesionarios (como colonos individuales y antiguos trabajadores no abonados) estaban interesados en establecerse por sí mismos en la tierra. Como consecuencia, se desarrolló una multitud de colonos labradores independientes, particularmente en las tierras altas menos escogidas. Tampoco se impuso nunca en Virginia el sistema de rentas feudales. Los colonos pagaban rentas a la colonia o a los grandes concesionarios, que, en lugar de dejar a los colonos poseer la tierra o vendérsela, insistían en cobrar y tratar de recaudar rentas anuales como señores de la zona. Pero aunque Virginia fue capaz de evitar muchas características esenciales del feudalismo, introdujo una característica feudal importante en sus métodos de distribución de los terrenos, especialmente la concesión de grandes áreas elegidas de terrenos a orillas de ríos a los terratenientes favoritos y ricos. Estas grandes concesiones de tierras se habrían convertido pronto en propiedades por parte de colonos individuales si no hubiera sido por el régimen de trabajos forzados, que hacía rentable las grandes plantaciones de tabaco. Además, los "colonos" originales, que pusieron en uso las tierras, fueron en este caso los propios esclavos y siervos, así que bien podría decirse que los plantadores tuvieron una relación casi feudal arbitraria con su tierra, incluso aparte de las grandes concesiones.

La servidumbre temporal, tanto "voluntaria" como obligatoria, y la más permanente esclavitud negra formó la base del trabajo explotado sobre la que se erigió una estructura de gobierno oligárquico por parte de los cultivadores de tabaco. La continuidad de las grandes propiedades de terrenos fue asimismo reforzada por las leyes totalmente feudales de vinculación y primogenitura, que prevalecían, al menos formalmente, en Virginia y la mayoría de las demás colonias. La primogenitura obligaba a la transmisión indivisa de la tierra al hijo mayor y la vinculación impedía que la tierra se enajenara (incluso voluntariamente) del dominio familiar. Sin embargo, la primogenitura no ejerció todo su efecto restrictivo, pues los terratenientes generalmente conseguían eludirla y dividir su propiedad también entre sus hijos menores. Así que la tierra en Virginia se disolvió en parte en su división natural al crecer la población. La primogenitura y la vinculación nunca se asentaron realmente en Virginia, porque la abundancia de tierra barata hacía al trabajo (y por tanto a la oferta coaccionada de los esclavos) el factor clave en la producción. Siempre podía adquirirse más tierra, así que no había necesidad de restringir la herencia al hijo mayor. Además, el rápido agotamiento de los terrenos del tabaco por los métodos de cultivo entonces usados requería que los plantadores e movieran y estuvieran dispuestos a buscar nuevas plantaciones. La necesidad de dicha movilidad iba contra la fijeza de las propiedades territoriales que marcaron el rígido sistema feudal de herencia de la tierra que prevalecía en Inglaterra.

En general, la riqueza y el estatus de los grandes cultivadores de Virginia era mucho más precaria y menos segura que la de sus correspondientes terratenientes en Inglaterra.

Publicado el 28 de enero de 2013. Traducido del inglés por Mariano Bas Uribe.

Notas

Panamericanismo

Panamericanismo durante la formación de la superpotencia de los Estados Unidos

Geplaatst door Seth Lievense. 1 september 2013

La palabra 'panamericanismo' data de un tiempo de nacionalismo y de construcción de estados-naciones fuertes. Los 'Pan' movimientos deben su nombre al antiguo panhelenismo que refiere a la unión de los griegos. Muchos siglos después en ese tiempo de construcción de estados-naciones la palabra ha revivido. Paneslavismo, que expresa el sentimiento de unidad de la gente eslava, fue la primera en ser introducida en la primera mitad del siglo XIX. Los 'Pan' movimientos sienten cierta unidad y unicidad y quizás superioridad en comparación con otros. Panamericanismo entonces muestra el sentimiento de unidad y unicidad del hemisferio occidental, las Américas. Esta unidad puede expresarse como movimiento hacia una cooperación social, militar, económica y política.

Durante su historia el panamericanismo fue formado, inspirado e influenciado por los Estados Unidos. En este corto tiempo, los Estados Unidos han crecido hasta ser una fuerza mundial no igualada por ninguna otra. La influencia dominante de los Estados Unidos en cuestiones políticas, económicas, militares y culturales han sido y todavía son un factor decisivo en la formación de esfuerzos panamericanos, como demostrará un resumen de eventos históricos. El interés de los Estados Unidos difiere del beneficio que la mayoría de los países latinoamericanos buscan en el panamericanismo. El panamericanismo a los ojos de los Estados Unidos es un panamericanismo basado en sus intereses de hegemonía en la región, y -cómo reacción a ello- parecen surgir relaciones más íntimas entre los países latinoamericanos.

Los habitantes de las Américas ya creían que eran únicos en los tiempos coloniales –este es un sentimiento que siempre ha existido. Esta división entre el viejo mundo y el nuevo mundo fue reconocida muy temprano por Thomas Jefferson con su Declaración de Independencia. Trece estados declararon su independencia del Imperio Británico. La lucha por la independencia de las otras naciones americanas fue inspirada en su mayor parte por el modelo de los Estados Unidos. Simón Bolívar declaró la independencia de España en 1811 y liberó lo que más tarde sería Colombia, Bolivia, Venezuela y Ecuador. José de San Martin liberó el cono sur de las Américas: Perú, Chile y Argentina. En 1820 la mayoría de los estados americanos fueron liberados. La política extranjera para los Estados Unidos era la de reconocer a cada una de estas nuevas repúblicas en cuanto fueran liberadas. El presidente James Monroe lo dijo en palabras claras en su discurso al congreso en 1823, que ningún país europeo debía intervenir en el hemisferio occidental, o viceversa. Él creía en la existencia de dos mundos, el viejo y el nuevo, el monárquico y el republicano.

Los primeros esfuerzos para crear un orden panamericano vinieron de Simón Bolívar. Este buscó combinar la fuerza de los estados hispanoamericanos. Bolívar soñaba con construir una cooperación política y militar permanente para los países que tenían que liberarse de España. Esta cooperación también fue reconocida como necesaria por los otros liberadores de los países hispanoamericanos. Bolívar imaginaba que aparecerían tres federaciones hispanoamericanas: México y América Central, los países hispanohablantes del norte de América del Sur, y los países hispanohablantes del sur de América del Sur.

En último lugar, imaginaba unir todos los países hispanoamericanos en "El Sueño Bolivariano". Organizó las "Repúblicas Americanas", anteriormente "Colonias Españolas" para unirse en Panamá en 1826. Por invitación de otros, estados como Brasil y Estados Unidos también asistieron, realizando así la primera reunión panamericana. Sólo después de mucho debate, los Estados Unidos se juntaron a la reunión, y únicamente por razones económicas. En ese intento no fue mucho lo que se realizó, pese a los esfuerzos de México en los años siguientes. El interés de los Estados Unidos en América Latina desapareció rápidamente cuando se dieron cuenta que esos países no eran republicanos ni democráticos y que no habría ningún éxito comercial.

Recién en 1848 hubo una segunda reunión en Perú, debido a una amenaza española a Sudamérica y al ataque estadounidense a México. A pesar de que el espíritu de la reunión era el de reconocer las fronteras de los diferentes estados, los Estados Unidos fueron invitados simplemente cómo para aparecer unidos frente a Europa. Los Estados Unidos declinaron la invitación y sólo enviaron un observador. Cuando la reunión terminó, el Congreso estadounidense ratificó el Tratado de Guadalupe Hidalgo, el que resultó en la expansión del territorio de los Estados Unidos hacia la costa occidental, -anteriormente tierra mexicana. Dos reuniones más fueron organizadas, esta vez contando solamente con antiguas colonias españoles. La tercera reunión tuvo lugar en 1856 en Chile para tratar de firmar un Tratado Continental, en su mayor parte sobre leyes internacionales, el cual nunca se realizó. Mientras tanto, las mayores amenazas no eran tanto del mundo viejo cómo de la expansión de los Estados Unidos; primero hacia el este, reduciendo a México por un tercio, y luego continuando su esfera de influencia hacia el sur. Esto cambió cuando en los Estados Unidos empezó la Guerra Civil. Su preocupación con la Guerra Civil hizo posible varias reanexiones europeas, como la de la República Dominicana. La cuarta reunión, -que tuvo lugar en Perú en 1861-, fue dominada por las preocupaciones de la debilidad de muchos estados latinoamericanos hacia el viejo mundo. Guerras internas en el nuevo mundo iban a posponer el panamericanismo hasta 1880.

El año 1880 marcó el comienzo del "nuevo" panamericanismo, que duraría hasta los años 30 del siglo XX. Donde el "viejo" sólo actuaba en el caso de una amenaza -y buscaba cooperación política y militar entre los países hispanoamericanos-, y el "nuevo" incluía a la mayoría de los países y era menos ambicioso. Las nuevas reuniones, -las Conferencias Internacionales Americanas-, fueron el resultado de los esfuerzos del secretario de estado de Estados Unidos James G. Blaine, quien imaginaba –en el futuro- un tratado de libre comercio del hemisferio occidental, para tratar con la balanza comercial desfavorable antes de abrir totalmente los mercados. En la conferencia de

Washington propuso operaciones comerciales diferentes hasta que la balanza de comercio se modificara. Los estados latinoamericanos claramente no aceptaron esto. En general, la oposición de Latinoamérica contra la dominación de los Estados Unidos se iba poniendo más fuerte durante este periodo. La dominación estadounidense de estas nuevas reuniones y también la presencia de los Estados Unidos en la zona del Caribe -que estaba creciendo-, fueron las razones principales para esto. La presión de los países latinoamericanos, la falta de resultados de acciones intervencionistas, y la situación económica, aumentaron la presión interna para un cambio de política.

Con la llegada del presidente Franklin Roosevelt en 1933 se vio un cambio muy claro. Roosevelt prometió ser un "buen vecino". La aprobación de la Convención sobre Derechos y Deberes de los Estados -en la siguiente reunión panamericana- obligó a los Estados Unidos a un lineamiento que en todas las reuniones anteriores había sido eliminada por el insistir estadounidense: "Ningún Estado tiene el derecho de intervenir en los asuntos internos de otro." Esto terminó el periodo del "nuevo" panamericanismo.

En los años siguientes las Américas tuvieron que confrontar varias crisis internacionales –la Gran Depresión, la Segunda Guerra Mundial y la Guerra Fría– que cambiaron las relaciones panamericanas otra vez. Los Estados Unidos intentaron incorporar el movimiento panamericanismo a su política internacional. Las reuniones se detuvieron durante la guerra, pero los ministros sí se juntaron en tres reuniones más para mantener vivo al panamericanismo. Estas reuniones fueron organizadas como reacción a posibles amenazas europeas durante la Segunda Guerra Mundial. En dichas reuniones formularon varios acuerdos de defensa panamericana, y declararon que un ataque a cualquier estado soberano sería considerado como un ataque a todos. Los Estados Unidos también usaron la infraestructura, a través de la Oficina de Asuntos Inter-Americanos (OIAA), para dispersar ideas, valores y cultura en las Américas. Puro panamericanismo cómo herramienta, cómo es visto por los Estados Unidos.

Con la Guerra Fría que siguió la Segunda Guerra Mundial, la incorporación de panamericanismo en la política estadounidense fue aún más obvia. Los Estados Unidos crearon el Programa de Asistencia Militar que daría equipamiento y entrenamiento militar a los países latinoamericanos, parcialmente en los Estados Unidos, para resistir a amenazas externas de cualquier gobierno, democrático o dictatorial.

Un importante paso adelante fue realizado por las Américas cuando acordaron en reunirse con regularidad: la Organización de los Estados Americanos (OEA) se organizaría cada cinco años –luego modificado a cada año–, y una reunión de ministros de asuntos extranjeros cuando fuese necesario. Esta organización iría a ser parte de la ONU. La demanda continua por asuntos sociales y por terminar con la dictadura de los países latinoamericanos -en este nuevo organismo- no fue escuchada por los Estados Unidos. La amenaza del comunismo era más importante. Esta amenaza hasta llevó a la intervención por los Estados Unidos en los asuntos internos de otros países para evitar un cambio de régimen, a pesar de acuerdos en el pasado. El régimen que fue elegido democráticamente también tuvo que fracasar. Sentimientos anti-americanos –entonces- prosperaban por todo Latinoamérica.

No fue hasta 1961, cuando John F. Kennedy fue elegido presidente, que se liberó dinero significante como ayuda social y política a los países latinoamericanos. Este programa tuvo resultados mixtos, y con la bancarrota de Cuba, la preocupación del Medio Oriente y Vietnam, y un cambio de presidente, el interés de invertir en América Latina disminuyó. La preocupación con el Medio Oriente y Vietnam hizo que los Estados Unidos ya no estuviesen muy interesados en América Latina. Este interés cambió muchas veces con cada nuevo presidente.

En el continente del sur los estados se encontraban en el camino de la cooperación económica. El Mercado Común Centroamericano (MCCA) en 1959, la Comunidad Andina (CAN) en 1969, la Comunidad del Caribe (CARICOM) y el Mercado Común del Sur (MERCOSUR) en 1991, juntó a estos países y mostró de nuevo iniciativas latinoamericanas en el panamericanismo. El MERCOSUR creó una unión de aduana entre Argentina,

Brasil, Paraguay y Uruguay, similar a la Unión Europea. Luego en 1993, la TCLAN (NAFTA en inglés) las siguió cuando juntó a los países de América del Norte. Uniendo todas las Américas en un acuerdo de libre comercio –Área de Libre Comercio de las Américas (ALCA, o FTAA en inglés)– fue esta una iniciativa lanzada por George H.W. Bush en 1990.

Vista la historia de las relaciones interamericanas, los países latinoamericanos desafiaban las intenciones de los Estados Unidos en esta iniciativa. Además, Brasil ya había expresado su deseo de unir primero América del Sur en un bloque de libre comercio antes de discutir sobre una solución para todo el hemisferio.

El giro reciente de los estados latinoamericanos hacia la izquierda dio una nueva fuerza al espíritu de estos países para enfrentarse a la hegemonía estadounidense en la región. En este momento se investiga y se implementan efectivamente alternativas para reducir la influencia de los Estados Unidos. Las políticas del petróleo de Venezuela buscan unir el petróleo suramericano en una mayor fortaleza. La fundación del Banco del Sur como alternativa al FMI (Fondo Monetario Internacional) y el BM (Banco Mundial, en inglés: World Bank) -para dar créditos- fue lanzada en 2006 y consiste de Argentina, Brasil, Bolivia, Ecuador, Paraguay, Uruguay y Venezuela. La dependencia del FMI cayó extraordinariamente de un 81% del presupuesto del FMI de $81 mil millones en 2005 a menos de 1% del presupuesto de $17 mil millones en 2008. Venezuela y Ecuador ahora ya no tienen deudas a estas instituciones. Telesur, una cadena de televisión soportada por Argentina, Bolivia, Cuba, Ecuador, Nicaragua y Venezuela tendrá la dirección de dar noticias desde una perspectiva "latinoamericana". En Brasil, se firmó un tratado constitutivo en 2008, creando así la Unión de Naciones Suramericanas (UNASUR), combinando MERCOSUR y la CAN en un estilo similar a la Unión Europea; este tratado busca a integrar aún más a América del Sur. Relaciones con Canadá y una "cooperación entre sur y sur" también intentan disminuir la dependencia de los Estados Unidos.

Esto no entra dentro la idea que tienen los Estados Unidos del panamericanismo, que desea mantener su posición de hegemonía sobre el hemisferio. Los esfuerzos para mantener la influencia en la región –entonces- tampoco han terminado. Con la necesidad aparente de luchar guerras contra las drogas y el terrorismo, los Estados Unidos firmaron acuerdos que les autorizaban su presencia militar en América Latina. La Ley de Preferencias Arancelarias Andinas y de Erradicación de Drogas (ATPDEA) cambia beneficios de negocio por combate de la producción de coca. Los beneficios del TLC (o DR-CAFTA en inglés), que es un tratado de libre comercio entre los Estados Unidos, los países centroamericanos y República Dominicana, fue usado para aceptar la presencia militar de Estados Unidos "ocasional" en estos países en la guerra contra el terrorismo.

El crecimiento de los Estados Unidos a un poder mundial, rápidamente les dio un papel dominante tanto política, militar, como económicamente, sobre las Américas, y más tarde sobre el resto del mundo. Esto a la vez benefició y perjudicó al resto de las Américas. Inspiró la independencia del resto de América que fue soportada por la política extranjera estadounidense. Hubo una vez cuando el gran vecino del norte ayudó a mantener a distancia las fuerzas externas –dando lugar al panamericanismo–, pero este estado fuerte en seguida se convirtió en una fuerza interna a mantener a distancia.

Esta posición dominante de los Estados Unidos les permitió no ser dependiente de América Latina y mantener una política de hegemonía. El favorecer de su política internacional al panamericanismo y el incorporar de este panamericanismo en su política extranjera, se vio más claramente durante la Guerra Fría cuando la amenaza del comunismo fue más importante que los alegatos latinoamericanos de gobiernos democráticos. En los últimos años se ha visto un giro en las relaciones entre los Estados Unidos y América Latina, que parece ceder el paso a un "pansuramericanismo", favoreciéndolo sobre el camino del panamericanismo. Los próximos años mostrarán si los intereses nacionales podrán ser dejados de lado para, finalmente, dar continuidad a la integración panamericana.

Seth Lievense

Con ayuda del español de Alex San Martin Beuk.

Escrito en junio 2009 para el estudio de 'Las lenguas y culturas de América Latina' la Universidad de Leiden (Holanda)

Publicado septiembre 2013

Fuentes

Dabene, Olivier, América Latina en el siglo XX, Editorial Síntesis, Madrid, 1999 Thomas M. Leonard and Thomas L. Karnes, http://www.americanforeignrelations.com/O-W/Pan-Americanism.html Suárez Salazar, The New Pan-American Order, Latin American Perspectives, Vol. 34 No.1, Enero 2007 Joseph B. Lockey, Pan-Americanism and Imperialism, The

American Journal of International Law, Edición 32, No. 2, Abr. 1938, pp. 233-243 Marcelo Ballve, ¿El renacimiento del Panamericanismo?, Noviembre 2003 Arte y Rebelión Contra el Mundo Moderno Enrique J. Aramburu, Perspectiva histórica de la evolución del Mercosur en un una integración sudamericana.

MERITOCRACIA
E INDIVIDUALISMO

Individualismo y miedo

El individualismo, -uno de los valores pro-pugnados por el liberalismo-, intenta el cerrar-se sobre uno mismo dejando al otro afuera uti-lizando para ello el miedo, miedo, el terror al otro, transformando a la sociedad en insolida-ria. Al punto de intentar autocurarse sin nece-sidad de la comunidad (autoayuda).

Esto lleva a la persona a pensar que la comu-nidad no es necesaria por lo cual se encierra entre otros -que también tienen miedo- bus-cando la seguridad y un ambiente controlado (el barrio cerrado, la ciudad feudal, la ciudad inteligente)

El individualismo levanta muros y destruye puentes. El individuo que se aísla no se comunica, no empatiza, se deprime y no molesta. Al no comparar pensamientos, y convivir es más sencillo que acepte realidades inexistentes. Justamente las realidades inexistentes y utópicas del liberalismo.

Materialismo y meritocracia

El liberalismo es absolutamente materialista, y como tal mide el éxito en función del rendimiento.

El rendimiento = la obras como medida del éxito = la meritocracia

La línea de pensamiento saducea busca que se identifique la riqueza material con una vida exitosa, y al esfuerzo, el hacer, la obras, como medio de conseguir esa riqueza.

Esto lleva a que uno piense que si no se ha llegado a ser rico es porque no se ha esforzado lo suficiente, y de esa manera se justifica instantáneamente al rico existente. Ese rico es rico porque se ha esforzado, por lo tanto merece disfrutar de su riqueza. También se justifica el trabajo esclavo, y los horarios de trabajo interminables, se busca justificar la explotación (está bien, se están esforzando).

Y la idea remanente de que todo se puede hacer si realmente se quiere hacer (el si, puedo), y si no se lo está logrando es porque no se está esforzando lo suficiente (circulo vicioso de explotación).

El emprendedor como ideal liberal

El ideal de ser su propio jefe sin necesidad de recurrir a la comunidad, al Estado. El "sueño americano", aquel que marca la dirección de que uno puede hacerse rico con el apoyo de otros ricos (inversores) sin la intervención del Estado, ya que no quieren ser controlados por una entidad de la comunidad. Entonces subrepticiamente promueven la anarquía, el yo me controlo a mi mismo y de esa manera todo vale, (la ley de la selva).

Lo paradójico del sistema de "esfuerzo" es que los jefes liberales se toman vacaciones a cada rato y que el obrero trabaja 24hs sin descanso. El pueblo está obligado a hacer múltiples tareas en el mismo tiempo mientras los jefes "delegan".

El agotamiento lleva a la frustración de mirar hacia el jefe y no poder llegar a su situación de trabajo descansado. Y el discurso del Jefe de que si no lo logras es porque no te has esforzado lo suficiente, (la meritocracia).

La meritocracia es la justificación del hombre ante Dios por la obras, por el hacer, esto es parte fundamental del judaísmo. El hombre es justificado por cumplir la Ley mosaica. El precio de su salvación son sus obras conforme a la Ley judía.

En contraposición a esta justificación por obras se encuentra el cristianismo, el que justifica al hombre por la Fe, de manera gratuita. Jesús salva la humanidad de manera gratuita.

La gratuidad contra la meritocracia.

El liberalismo y su salvar con costo, y el cristianismo y la salvación gratuita.

Decía el presidente liberal de Argentina Macri (2018): "nada que sea gratis puede ser verdad".

El liberal es esclavo del hacer.

El cristiano es libre por la Fe. Jesús ha liberado a los cristianos de la esclavitud de las obras, de las obras de la Ley judía.

El liberalismo lleva a la culpa del que no hace, del que descansa, del que disfruta de la vida. El "vago" según ellos. El que no quiere transformarse en un engranaje de la "producción" de obras conforme al mandato saduceo, el que quiere un horario pautado con vacaciones, aguinaldo, horas extras. El que reclama Justicia social. El cristiano.

En ese producir obras, la meta es el "rendimiento", y el rendimiento se mide por el dinero acumulado. La riqueza como medida del individuo, y su acumulación como la meta "natural".

Volvemos a la idea de que el rico es el ideal justificado y con derecho al disfrute.

Aquel dicho de "como va a robar si es rico" de los votantes de Macri en las elecciones de Argentina de 2015. Si un liberal rico tiene miles de millones en cuentas en el extranjero está bien, es correcto porque se lo ganó, pero sin un pobre tiene una casa entonces seguro que ha robado. El mérito del dinero acumulado como justificación inversa. Cuanto más dinero se tiene menos culpable se es de los medios ilícitos por los cuales se consiguió ese dinero y además no se está obligado a compartir esa riqueza con los que "no se han esforzado" (eva-sión de impuestos), el discurso de "¿por qué debo mantener a esos vagos?" que tanto machacaban los liberales en las elecciones de Argentina de 2015.

La acumulación de riqueza como justificación inversamente proporcional: cuanto más dinero se tiene más impune se es. El rico ya se ha justificado.

REFERENCIAS

i **Doctrina Monroe:** La Doctrina Monroe, sintetizada en la frase «América para los americanos», fue elaborada por John Quincy Adams y atribuida a James Monroe en el año 1823. Establecía que cualquier intervención de los estados europeos en América sería vista como un acto de agresión que requeriría la intervención de Estados Unidos.

Doctrina del Manifiesto Divino: La doctrina del Destino manifiesto (en inglés, Manifest Destiny) es una frase e idea que expresa la creencia en que Estados Unidos de América es una nación predestinada a expandirse desde las costas del Atlántico hasta el Pacífico. Esta idea es también usada por los partidarios para justificar otras adquisiciones territoriales. Los partidarios de esta ideología creen que la expansión no solo es buena, sino también obvia (manifiesta) y certera (destino). Esta ideología podría resumirse en la frase: «América para los americanos».

Doctrina del Buen Amigo: La Política del buen vecino fue una iniciativa política creada y presentada por la administración del gobierno estadounidense presidido por Franklin D. Roosevelt en el marco de la VII Conferencia Panamericana de Montevideo en diciembre de 1933, en lo referente a sus relaciones con América Latina durante los años 1933-45, cuando la intervención de Estados Unidos en los asuntos internos de los países latinoamericanos fue moderándose (Estados Unidos había invadido abiertamente varios países de la región en los primeros años del siglo XX, como Cuba, México, Haití, Panamá, República Dominicana o Nicaragua). Buscaba particularmente la solidaridad hemisférica contra amenazas exteriores, en especial de las potencias del eje durante la Segunda Guerra Mundial, por lo tanto dicha política influyó en que casi todas las naciones latinoamericanas no lo apoyaran.

Características: El presidente Roosevelt declaró que quería que Estados Unidos fuese un buen vecino con el resto de países del continente (el llamado panamericanismo). En principio acicateado por problemas domésticos (en época de la Gran depresión), significaba la retirada de todas las fuerzas militares de Estados Unidos de los países de la cuenca del Caribe. Adicionalmente su gobierno le mandó a la productora de dibujos animados Walt Disney producir películas en el ámbito de la Segunda Guerra Mundial, no siendo sólo filmes anti-nazis o anti-japoneses, sino incluso filmes basados en las culturas de los países latinoamericanos como Saludos amigos y Los tres caballeros, incluyendo la actrices como Carmen

Miranda y Aurora Miranda logrando influir a los latinoamericanos por la causa aliada durante la Segunda Guerra Mundial.